Dieta alcalina

*Las 150 recetas alcalinas más sabrosas,
para tener un equilibrio ácido-base*

Incluye información nutricional

D1678416

Lydia Lavrova

Contenido

Prólogo

Bienvenido a la lectura de este libro sobre nutrición alcalina. ¿Tienes ganas de cambiar algo en tu dieta y, simplemente, quieres probar algo nuevo en la cocina? Entonces este es el libro adecuado para ti. En él aprenderás primero lo que es una dieta alcalina y el por qué es tan útil. En primer lugar, aprenderás qué es la hiperacidez y qué la causa. Además conocerás los alimentos alcalinos y ácidos.

En este libro también encontrarás 150 deliciosas y variadas recetas para una dieta rica en bases alcalinas. Desde el desayuno hasta el postre, todo está incluido. Este es una gran introducción para aprender sobre los alimentos alcalinos y sobre nuevas y deliciosas recetas que normalmente no prepararías. Espero que estas recetas ricas en vitaminas y nutrientes te resulten muy divertidas y también puedas mejorar tu salud y tu vitalidad.

Diviértete y disfruta de tu comida.

¿Qué es la nutrición alcalina?

La dieta alcalina consiste en comer alimentos alcalinos en la medida de lo posible y tratar de evitar los alimentos ácidos. Una dieta alcalina tiene por objetivo garantizar el equilibrio ácido-base del organismo. Esta forma de nutrición contrarresta la llamada hiperacidez y mantiene los valores de pH correctos en el cuerpo.

Existen diferentes valores de pH en distintas partes del cuerpo. Básicamente, existe una escala que va de 1 a 14. Todos los valores inferiores a 7 son considerados ácidos y los superiores a 7 son considerados alcalinos. Si se toma el valor 7, podemos describirlo como neutro.

Pero ¿qué es exactamente la hiperacidez? En la acidosis, no existe equilibrio ácido-base. Esto significa que las zonas del cuerpo que deberían ser alcalinas ya no lo son y, por tanto, tienen un valor de pH ácido.

Por ejemplo, ¿qué zonas son alcalinas en nuestro cuerpo? La sangre es un componente del cuerpo que debe ser siempre alcalino, así como también se incluye la linfa, la bilis, el tejido conectivo y la mayor parte del intestino grueso. ¿Y qué zonas son ácidas?, por ejemplo, el intestino delgado y el estómago deberían tener normalmente un entorno ácido. Hay zonas del cuerpo que necesitan un entorno ácido para funcionar bien, un desequilibrio en el sentido alcalino también traería sus consecuencias. La dieta alcalina sólo garantizará controlar un poco el desequilibrio y tratar que los niveles vuelvan a su normalidad lo más pronto posible.

Por lo tanto, una dieta alcalina es especialmente buena para todos los órganos y componentes de nuestro cuerpo que deben ser alcalinos, pues para estos, la dieta tiene un efecto beneficioso y regenerador.

La dieta alcalina también ayuda al estómago para que la producción de ácido láctico que se genera allí vuelva a la normalidad y para que las bacterias importantes puedan formarse de nuevo en el intestino grueso. Porque, como ya se ha descrito anteriormente, un entorno ácido adecuado también es muy importante allí.

DIFERENCIA ENTRE HIPERACIDEZ CRÓNICA Y ACIDOSIS

A menudo, el tema de la hiperacidez se refiere, únicamente, a la de la sangre. Pero esto no es correcto, porque en este caso la hiperacidez sería realmente mortal y el cuerpo hace todo lo posible para que esto no ocurra.

La cuestión es que otras zonas del cuerpo están sobreacidificadas, como el tejido conectivo, el intestino delgado o la linfa.

Si el valor del pH de la sangre desciende demasiado, se trata de una situación o condición muy peligrosa, que se describe como acidosis. Esta condición puede estar presente, por ejemplo, en personas diabéticas o que padecen de insuficiencia renal, lo que sería realmente una patología y no tiene nada que ver con una simple acidosis.

Si se presenta una condición de acidosis hay que actuar rápidamente, y un simple cambio en la dieta no es suficiente. Por lo tanto, no hay que confundir esta acidosis con la hiperacidez crónica. Cuando hablamos de un desequilibrio ácido-base, nos referimos a una hiperacidez crónica y no a una acidosis. Sin embargo, la acidosis crónica puede conducir a otras enfermedades crónicas a lo largo de muchos años, por lo que una dieta alcalina puede ser muy útil.

¿CUÁLES SON LAS CAUSAS DE LA HIPERACIDEZ CRÓNICA?

Cuando ingerimos una comida, nuestro cuerpo la metaboliza. Dependiendo de lo que hayamos consumido, se producen muchos ácidos en nuestra digestión y durante el metabolismo.

Pero el cuerpo no puede excretar los ácidos formados tan rápidamente, de manera que estos deben neutralizarse primero con la ayuda de varios minerales alcalinos, sin embargo, estos minerales suelen tener otras tareas en nuestro organismo y, por tanto, se «sacrifican» para restablecer el equilibrio del balance ácido-base.

Por supuesto, el cuerpo no tiene un suministro ilimitado de minerales, por lo que una acidificación excesiva también puede conducir a una falta de minerales en el cuerpo. Así que, si comes una comida ácida de vez en cuando, no es malo en absoluto, pero a largo plazo los minerales para neutralizar los ácidos serán cada vez menores. Así como ocurre con muchas cosas en la vida, también aquí es importante el equilibrio.

Por un lado, tenemos una dieta muy ácida y, por otro, una dieta que suele ser baja en minerales. Consumimos muchos alimentos procesados, que suelen tener un efecto ácido y apenas contienen vitaminas y minerales importantes. Esto hace que el cuerpo tenga grandes dificultades para mantener el equilibrio de ácidos y bases. Así, con el tiempo, los minerales son cada vez menos y se producirá una carencia de los mismos. Esto provocará diversos síntomas como, la caída del cabello, las uñas quebradizas, la osteoporosis o la arteriosclerosis.

En cualquiera de estos casos, el cuerpo deberá tomar más y más minerales para mantener la sangre alcalina.

LAS CONSECUENCIAS DE LA HIPERACIDEZ CRÓNICA

La hiperacidez crónica tiene muchas consecuencias diferentes que, además, son muy individuales. Por supuesto, hay muchos otros factores en la vida que la provocan, como el ejercicio excesivo, el tabaquismo, el estrés y mucho más. Además la hiperacidez también aporta su parte para desarrollar las siguientes enfermedades:

- Arteriosclerosis (vasos sanguíneos obstruidos)
- Presión arterial alta
- Disminución de la visión
- Pérdida de cabello
- Cálculos renales, biliares y vesicales
- Molestias articulares, como el reumatismo
- Problemas de la piel, como las manchas

La hiperacidez crónica también puede llevarte a enfermarte en general más rápidamente. Las inflamaciones y las infecciones de tipo gripal pueden producirse muy rápido. También son más frecuentes las erupciones cutáneas, las alergias y los dolores de cabeza. Esto se debe a que en un entorno ácido las bacterias, los virus, los hongos u otros microorganismos malignos pueden formarse mucho más rápidamente y permanecer en el cuerpo. Con la hiperacidez crónica, el sistema inmunitario tampoco funciona de la forma en la que debería hacerlo.

Para contrarrestar todas estas consecuencias, existe la dieta alcalina.

LA DIETA ALCALINA ¿UNA SOLUCIÓN?

Como ya se ha descrito, la dieta alcalina tiene como objetivo garantizar que el equilibrio ácido-base se mantenga estable y que la hiperacidez crónica se reduzca considerablemente.

Una dieta alcalina crea un entorno en el que las bacterias y los hongos malignos ya no encuentran espacio donde reproducirse. Esto, naturalmente, mejora considerablemente la salud. De manera que este tipo de dieta elimina el exceso de ácidos del cuerpo. Como contrapartida, la dieta alcalina también suministra al cuerpo suficientes minerales, vitaminas y oligoelementos para que la deficiencia causada por la sobreacidificación pueda compensarse.

Por lo tanto, una dieta alcalina te mantiene saludable, joven y también delgado. Por supuesto, también previene las enfermedades crónicas y ciertos signos de envejecimiento.

Hasta ahora sólo hemos hablado sobre la dieta alcalina. Ahora vamos a ser más específicos y explicaremos cuáles son los alimentos que pueden consumirse en una dieta alcalina y cuáles deberían evitarse.

Es muy importante para tu salud llevar una dieta sana y alcalina. Según algunas tablas nutricionales que aparecen en Internet, la mermelada o el helado, por ejemplo, también son alcalinos. Pero todos sabemos que los alimentos azucarados son menos saludables.

Cuando hablamos de alimentos alcalinos, estos deben serlo en, al menos, ocho características como:

1. En primer lugar, los alimentos alcalinos deben contener muchas bases, lo que significa que deben contener abundantes minerales alcalinos y oligoelementos, como el hierro o el magnesio.

2. Además, estos alimentos deben contener pocos aminoácidos que formen ácido. Estos aminoácidos incluyen la metionina y la cisteína, que se encuentran en la carne, el pescado, los huevos y las nueces de Brasil.

3. Otro aspecto importante es que los alimentos alcalinos contribuyen a la formación de alcalinidad en el cuerpo. Esto significa que, si un alimento contiene una sustancia amarga, es capaz de formar bases alcalinas en el organismo.

4. Para ello, los alimentos alcalinos no deben dejar residuos ácidos al ser metabolizados. Estos residuos son denominados escorias.

5. Los alimentos alcalinos también contienen muchas otras sustancias valiosas para el organismo. Entre ellos se encuentran algunos como: los antioxidantes, las vitaminas, las sustancias vegetales secundarias y muchos más. Estas sustancias ayudan a desintoxicar el organismo y a reforzar y proteger el sistema inmunitario, de modo que, a través de todas estas ellas, el cuerpo también puede neutralizar mejor los ácidos y así poder drenarlos. Esto previene y reduce la hiperacidez.

6. Otra ventaja de estos alimentos es que tienen mucho líquido. El cuerpo obtiene una gran cantidad de líquido sólo de la comida. De este modo, los ácidos o productos de desecho pueden salir más fácilmente del cuerpo, ayudando así, especialmente, a los riñones.

7. Es importante destacar que, además, los alimentos alcalinos contienen ácidos grasos beneficiosos, muchas sustancias vitales y antioxidantes benéficos. Todas estas sustancias tienen un efecto antiinflamatorio en nuestro organismo. Las inflamaciones tienen un efecto formador de ácido en el organismo, lo que favorece aún más la hiperacidez crónica. Por eso es especialmente bueno consumir alimentos que la eviten.

8. Los alimentos alcalinos también son muy buenos para la salud intestinal pues estos estabilizan y sanan nuestra flora intestinal, de manera que los ácidos se pueden excretar mejor. Como resultado, la digestión funciona mucho mejor y forma menos ácidos y productos de desecho.

¿QUÉ SON LOS ALIMENTOS ÁCIDOS?

La contrapartida de los alimentos alcalinos es, aquellos que contienen ácidos o acidificantes. En cualquier caso, no todos estos alimentos tienen realmente un sabor ácido. Aquí sólo se describe el efecto que causa como ácido sobre el cuerpo.

Los alimentos formadores de ácido en el cuerpo son, por ejemplo, la carne o los pasteles dulces, estos no tienen ningún sabor agrio, sino salado o dulce. Por ejemplo, algunos alimentos alcalinos tienen un sabor agrio, como los limones.

Cuando se metabolizan los alimentos ácidos, se generan productos de desecho ácidos en el organismo.

Los alimentos ácidos también tienen ocho características diferentes como:

1. En primer lugar, los alimentos que forman ácido son ricos en minerales ácidos. Estos minerales incluyen algunos como el fósforo, el azufre o el cloro.

Además, estos alimentos son ricos en aminoácidos formadores de ácido, como la metionina y la cisteína. De manera que si se consume una gran cantidad de estos, se forma ácido sulfúrico en el organismo.

2. Otro aspecto es que los alimentos formadores de ácido naturalmente no pueden estimular la formación alcalina en el cuerpo. No tienen sustancias amargas ni otras que provoquen la formación de bases alcalinas en el organismo.

3. Además, los alimentos ácidos contienen muchos ingredientes que desarrollan una enorme cantidad de productos de desecho y otros residuos cuando el cuerpo los metaboliza. Entre estos ingredientes se encuentran el azúcar, el alcohol y la cafeína.

4. Los alimentos ácidos también impiden que el ácido se descomponga en el cuerpo, ya que contienen pocas vitaminas, antioxidantes u otras sustancias que favorezcan la descomposición.

5. También contienen poca agua, lo contrario con los alimentos alcalinos. Los alimentos alcalinos, además, pueden compensar muy bien si se ingiere poco líquido. Sin embargo, este no es el caso en absoluto con los alimentos ácidos. En consecuencia, los ácidos no pueden excretarse muy bien a través de los riñones.

6. Los alimentos ácidos también tienen un efecto proinflamatorio, entre otras cosas, porque contienen muchos ácidos grasos saturados y pocos ácidos grasos benéficos (insaturados y poliinsaturados).

7. Estos alimentos también tienen un efecto negativo en la flora intestinal. Como resultado, los otros ácidos se excretan aún más pobremente. Además, una mala salud intestinal conduce a la formación de bacterias que contribuyen a la hiperacidez (toxinas).

Por lo tanto, en una dieta alcalina deben utilizarse principalmente alimentos alcalinos. Por lo tanto, es mejor evitar los alimentos que forman ácido para que la proporción entre ácidos y bases pueda equilibrarse.

A continuación, encontrarás una lista con ejemplos concretos de alimentos alcalinos y ácidos.

Alimentos alcalinos:

- Cualquier fruta y frutos secos por ejemplo, manzanas, fruta del dragón, peras, melocotones, melones, mandarinas, higos, dátiles, naranjas...
- Varias verduras, como la coliflor, la calabaza, las espinacas, el boniato, la patata, las zanahorias, el apio, los pimientos, los guisantes frescos, los espárragos y muchos más.
- Las hierbas, como el eneldo, el orégano, el cebollino, el cilantro, el tomillo, el clavo, el romero, etc.
- Los setas como por ejemplo, el boletus, los champiñones o los rebozuelos.
- Los germinados como, los brotes de brócoli, de rábano o de alholva.

Bebidas alcalinas:

- El agua.
- El té de hierbas o de frutas sin azúcar.
- El agua con zumo de limón fresco o con un poco de vinagre de sidra de manzana.
- Los zumos de verduras recién exprimidos.
- Los batidos de frutas o batidos verdes.

Alimentos formadores de ácido:

- La leche.
- La cuajada de soja o *quark*.
- El yogur.
- Los productos integrales.
- El queso.
- Los huevos.
- La carne y los embutidos.
- El pescado y los mariscos.
- Los productos de harina blanca.
- Las bebidas azucaradas.
- El alcohol.
- El arroz.

LA DIFERENCIA ENTRE UNA DIETA ALCALINA EQUILIBRADA Y UNA EN EXCESO

Una dieta alcalina consiste absolutamente en alimentos alcalinos. Aquí no se debe comer ni beber ningún alimento ácido. La forma en que se aplica esta dieta es la más adecuada para una cura o una limpieza durante un corto período de tiempo.

Una dieta alcalina adecuada tampoco debería durar demasiado tiempo porque, como ya se ha escrito anteriormente, ¡tampoco es saludable que el cuerpo sea demasiado alcalino! Además, una dieta tan estricta no es buena para la vida cotidiana normal ni para una calidad de vida a largo plazo.

Ahora, explicaré la dieta de exceso de alimentos alcalinos. El procedimiento que debe aplicarse en este caso es comer aproximadamente un 80 % de alimentos alcalinos y un 20 % de alimentos ácidos saludables.

Esta dieta funciona muy bien a largo plazo y también es la mejor para integrar en la vida cotidiana.

La dieta con exceso de alimentos alcalinos no conduce a una dieta unilateral. También hay alimentos que son básicamente ácidos, pero que, además, aportan muchas vitaminas y minerales importantes como, los huevos, las legumbres, algunos frutos secos y muchos más.

Básicamente, también se distingue entre buenos y malos productores de ácido.

Los malos productores de ácido que debemos evitar son:

- Productos preparados y bebidas listas para consumir.
- Productos lácteos (excepto mantequilla, *ghee* y nata).
- Productos de soja muy procesados.
- La mayoría de los productos de cereales como, pasta, fideos o copos de maíz.
- Productos que contienen mucho gluten.
- El azúcar.
- El alcohol.
- La cafeína.
- Productos de la ganadería convencional.

Los buenos constructores de ácido que puedes comer con placer, pero con moderación son:

- Las nueces.
- Las legumbres.
- El mijo.
- El cacao en polvo de muy buena calidad.
- La quinoa.
- El amaranto.
- El trigo sarraceno.
- Los cereales ecológicos en pequeñas cantidades.
- Pocas cantidades de productos animales de alta calidad.
- El tofu ecológico de alta calidad.

LA INTRODUCCIÓN PERFECTA PARA UNA DIETA CON ALTA BASE ALCALINA

Todos los comienzos son difíciles, pero para facilitarte el inicio, a continuación, te daremos algunos consejos que te facilitarán mucho la implementación y el inicio de una dieta con alta base alcalina. Por supuesto, en este libro también encontrarás un montón de deliciosas recetas ¡150 en total! Entre estas encontrarás ideas para desayunos, comidas, platos dulces y mucho más.

Ahora tienes una lista sencilla de control para la aplicación de esta dieta:

- ☐ Utiliza una gran variedad de verduras. Aquí puedes comer lo que quieras y probar diferentes platos, cazuelas de verduras y ensaladas.
- ☐ Las patatas y los boniatos son una gran guarnición alcalina que puedes comer en cualquier momento.
- ☐ Entre las recetas también encontrarás un montón de deliciosos batidos. Prueba también hacerlos.
- ☐ Mucha gente nunca ha cocinado los brotes, pero son supersabrosos y van muy bien con las ensaladas y muchos otros platos. Te invito a que los pruebes con algunas de mis recetas, si aún no los conoces ni los has probado.
- ☐ La pasta y el arroz es mejor no consumirlos. Ambos pueden ser sustituidos por la quinoa, el trigo sarraceno o el mijo. En este libro encontrarás muchos platos deliciosos y también dulces.
- ☐ Además, te aconsejo comer la pasta hecha con maíz o trigo sarraceno ya que se puede conseguir en los mercados hoy en día. Si te apetece el arroz, es mejor que elijas el arroz de jazmín y la variedad integral.
- ☐ Aquí también encontrarás estupendas recetas de hamburguesas asadas, que pueden ser un excelente sustituto de la carne o el embutido.
- ☐ Asegúrate, además, de comprar y consumir, preferentemente, sólo carne, pescado o huevos ecológicos.

☐ Cuando tengas antojo de algo dulce, recurre primero a las frutas. Al final del libro, también encontrarás algunas recetas de postres deliciosos. No hay necesidad de consumir dulces que contengan azúcar.

☐ Como consejo para una ensalada deliciosa: si te gusta usar aderezos de yogur, prueba con pasta de almendras blancas en lugar de yogur. ¡Es tan delicioso como saludable!

☐ Además, utiliza sólo grasas y aceites saludables. El aceite de oliva o de coco son excelentes para cocinar y para las ensaladas. Incluso puedes hacer, de una manera muy fácil, tu propia mantequilla de aceitunas, simplemente, salando un poco de aceite de oliva. A continuación, ponlo en un bol pequeño y métalo en el congelador durante aproximadamente 1 hora. De esta manera la mantequilla casera estará lista.

☐ Es mejor beber agua sin gas, asegúrate de que el agua esté bien filtrada.

☐ Si te gusta tomar café, también puedes sustituirlo de vez en cuando por té negro o verde.

☐ Hoy en día puedes sustituir, maravillosamente, la leche por leche vegetal, como la de coco.

Cura de depuración alcalina

Si te apetece hacer una verdadera cura con la nutrición alcalina, entonces aquí encontrarás una guía para que puedas empezar ahora.

Como ya te he mencionado anteriormente, existe la posibilidad de hacer una cura de desintoxicación adecuada. Se trata de consumir alimentos 100 % alcalinos para desacidificar el cuerpo de una manera realmente conveniente.

En la mayoría de los casos, esta cura dura entre 7 y 14 días. La mejor manera de prepararte para comenzar este proceso es regalando de antemano los alimentos ácidos que conservas en tu nevera o consumirlos antes de empezar la cura. Esto hace que sea mucho más fácil comer de una forma completamente alcalina.

El desayuno

Comienza el día, después de levantarte, con un gran vaso de agua caliente. Si quieres, también puedes añadir un poco de jengibre o jugo de limón al vaso. Esto ya llena el cuerpo de líquido y limpia un poco los intestinos. Entonces empieza con una deliciosa fruta o un muesli alcalino. Aquí también podrás encontrar más recetas.

El almuerzo

Lo mejor es comer una ensalada ligera o incluso algunas verduras al vapor. En el libro encontrarás un montón de deliciosas recetas para aprender a preparar ensaladas. También te recomiendo sazonar con un poco menos de sal de lo habitual. Además, podrás disfrutar de una sopa ligera para un almuerzo. Cuando se sigue la dieta alcalina las verduras crudas no deben consumirse después de las 14 horas.

La cena

Para la cena, la mejor opción son los platos ligeros de verduras. En este caso, las patatas son una gran alternativa, te recomiendo que, si es posible, cenes unas horas antes de irte a dormir. En este libro también encontrarás muchas recetas deliciosas con patatas, como un delicioso curry de verduras con patatas de bolsa. Estas también producen una sensación de saciedad y contienen mucha fibra, que es muy buena para la digestión.

Un tentempié en el medio para el hambre

Si te da hambre en medio de tus comidas, puedes recurrir a la fruta, las almendras o los frutos secos. Como consejo, también puedes beber un poco de agua o té verde antes para, posiblemente, suprimir el hambre. A veces evitamos el hambre con la sed.

Otros puntos importantes para la dieta alcalina

Por supuesto, la motivación es importante con este tipo de dieta. Debes evitar muchos alimentos, especialmente sabrosos, y sustituirlos por algunos que se incluyan en la dieta. A veces hace falta un poco de disciplina.

Durante esta cura, come sólo alimentos 100 % alcalinos. La cura dura sólo de 7 a 14 días y en este corto tiempo también deberás comer adecuadamente. Esto suena muy agotador ahora, pero como verás en las siguientes recetas, la dieta alcalina también puede ser muy sabrosa y aun así variada.

Recuerda también que deberás tomar mucha agua. En definitiva, la cura consiste en limpiar el cuerpo y ¡es muy importante tomar mucho líquido!

También puedes pensar en la limpieza intestinal, que es muy buena para la digestión, además, de una cura alcalina.

Sin embargo, además de la dieta el ejercicio también es importante. Debes moverte todos los días, preferiblemente al aire libre. A veces basta con un breve paseo durante la pausa del almuerzo o después del trabajo. Por supuesto, también puedes hacer deporte si quieres, pero básicamente se trata de hacer ejercicio.

Asegúrate también de tener un reparador descanso. Lo recomendable es acostarse temprano y descansar bien, porque dormir adecuadamente es importante para muchas funciones del organismo.

Las semanas que siguen después de culminar la dieta alcalina, podrás continuar con una dieta rica en alimentos alcalinos para mantener los beneficios que estos aportan a tu salud.

Deliciosas ideas para tus desayunos

DELICIOSO PURÉ DE BONIATO PARA TU DESAYUNO

Valores nutricionales sin cobertura: 138 kcal, 30 g de hidratos de carbono, 1 g de grasa, 3 g de proteínas.

Ingredientes para 2 raciones:

300 g de boniatos.
50 ml de leche vegetal o agua a elección.
1 cucharada de edulcorante.
½ cucharadita de canela al gusto.
Si lo deseas, añade puré de almendras, plátano, melocotón y arándanos para la decoración.

Preparación:

1. En primer lugar, debes cortar los boniatos por la mitad y luego cuécelos en el horno durante unos 30 minutos hasta que estén bien blandos. Cuando hayan pasado 15 minutos de cocción, puedes darles la vuelta una vez.

2. Después, deja enfriar los boniatos y quítales la piel.

3. A continuación, coloca los boniatos en un bol y tritúralos poco a poco con la ayuda de un tenedor.

4. Ahora añade algo de líquido hasta alcanzar la consistencia deseada.

5. Finalmente, condimenta con canela y un edulcorante de tu elección. Sazona al gusto y luego adorna con pasta de almendras, plátano, melocotón y arándanos.

DESAYUNO DULCE DE MIJO CON COMPOTA DE MANZANA

Valores nutricionales: 470 kcal, 75 g de hidratos de carbono, 10 g de grasas, 16 g de proteínas.

Ingredientes para 4 raciones:

200 g de gachas de mijo.
1 litro de bebida de soja.
7 cucharadas de jarabe de agave.
3 manzanas.
1 limón ecológico.
1 cucharadita de canela.
25 g de almendras fileteadas.
100 g de yogur de soja.

Preparación:

1. Primero enjuaga el mijo con agua caliente y luego escúrrelo.

2. A continuación, vierte la bebida de soja en un cazo y caliéntala junto con 5 cucharadas de jarabe de agave.

3. Añade el mijo y déjalo en remojo a fuego lento durante unos 20 minutos. No te olvides de removerlo.

4. Mientras tanto, retira la piel de la manzana y corta esta última en cuartos. Retira los núcleos y córtalos en trozos pequeños.

5. Lava el limón y ralla sólo la parte de la cáscara. Luego exprime el limón. Mezcla el zumo con 2 cucharadas de jarabe de agave y la ralladura en un cazo y lleva a ebullición. A continuación, añade las manzanas y la canela y deja que todo se cocine a fuego lento durante unos 5 minutos.

6. Coloca las almendras fileteadas en una sartén pequeña sin grasa y tuéstalas.

7. Coloca las gachas de mijo en los platos. A continuación, añade la compota de manzana y el yogur en un recipiente hondo y adórnalo con almendras y un poco de canela.

GACHAS ALCALINAS CON COBERTURA

Valores nutricionales sin cobertura: 229 kcal, 26 g de hidratos de carbono, 9 g de grasas, 11 g de proteínas.

Ingredientes para 1 ración:

250 ml de leche de almendras.
4 cucharadas de copos de avena ecológica.
½ cucharada de semillas de amapola.
1 cucharada de linaza.
1 cucharada de semillas de girasol.
½ cucharadita de canela.
½ cucharadita de cúrcuma.
Fruta fresca o seca al gusto.
Añade copos de coco, almendras u otros frutos secos si lo deseas.

Preparación:

1. Primero vierte la leche de almendras en una olla. A continuación, añade los copos de avena, las semillas de amapola, de lino, de girasol, la canela y la cúrcuma.

2. Ahora calienta todos los ingredientes en la olla, pero ¡no deben hervir! Luego, deja que se expanda durante unos 10 minutos y déjalo enfriar.

3. A continuación, coloca las gachas terminadas en un bol y adorna el desayuno con frutas o frutos secos de tu elección.

TAZÓN DE ACAI EXÓTICO

Valores nutricionales: 380 kcal, 49 g de hidratos de carbono, 14 g de grasas, 9 g de proteínas.

Ingredientes para 1 ración:

½ plátano congelado.
125 g de bayas congeladas.
1 cucharada de *acai* en polvo.
1 cucharadita de jarabe de agave.
200 ml de leche de almendras sin azúcar.
50 g de mango maduro.
½ fruta del dragón.
1 cucharadita de semillas de chía.
1 cucharada de *nibs* de cacao.
1 cucharadita de *chips* de coco.

Preparación:

1. En una licuadora potente añade el plátano y las bayas congeladas, el polvo de *acai*, el jarabe de agave y la leche de almendras. Mezcla todos los ingredientes hasta obtener una consistencia cremosa, como un puré, y si es necesario añade un poco más de leche de almendras.

2. Ahora pela el mango y córtalo en cubos pequeños.

3. A continuación, lava la fruta del dragón, córtala en cuartos y luego córtala en trozos aún más pequeños.

4. Después, sirve el puré así obtenido en un cuenco más grande y adórnalo con el mango, las rodajas de fruta del dragón, las semillas de chía, los *nibs* de cacao y los *chips* de coco. Este cuenco es perfecto para tus desayunos de verano.

AVENA ALCALINA PREPARADA EN LA NOCHE PARA LA MAÑANA CON ARÁNDANOS Y COPOS DE COCO

Valores nutricionales: 403 kcal, 35 g de hidratos de carbono, 22 g de grasas, 15 g de proteínas.

Ingredientes para 2 raciones:

5 cucharadas de copos de avena.
3 cucharadas de copos de coco.
150 g de yogur (alternativa vegetal).
150 ml de leche de coco.
1 cucharada de jarabe.
100 g de arándanos.
2 cucharadas de semillas de calabaza.

Preparación:

1. Primero mezcla los copos de avena, los copos de coco, el yogur, la leche de coco y el jarabe en un bol. A continuación, añade la mitad de los arándanos y deja enfriar al menos durante 2 horas. Sin embargo, es mejor ponerlo en la nevera durante toda la noche.

2. A continuación, pon este desayuno en dos vasos. Adórnalos con unas cuantas semillas de calabaza, los arándanos y los copos de coco restantes, y disfruta de tu comida.

DELICIOSAS GACHAS DE CHUFA CON FRUTA

Valores nutricionales: 226 kcal, 23 g de hidratos de carbono, 13 g de grasas, 3 g de proteínas.

Ingredientes para 1 ración:

4 cucharadas de chufa molida.

150 ml de agua caliente.

1 plátano.

1 cucharada de semillas de chía.

1 cucharada de semillas de lino molidas.

Nueces al gusto.

Si lo deseas, añade más ingredientes, como, copos de avena, copos de coco o puré de frutos secos.

Preparación:

1. Primero hierve el agua en una tetera.

2. Luego, tritura el plátano en un bol pequeño.

3. A continuación, añade en el bol las chufas y el agua, removiendo constantemente.

4. Después, añade las semillas de chía, de lino y las nueces. Deja reposar la mezcla durante unos 20 minutos. Por último, puedes adornar las gachas de chufa como desees.

TORTITAS ALCALINAS CON GRANOLA

Valores nutricionales: 230 kcal, 32 g de hidratos de carbono, 8 g de grasas, 6 g de proteínas.

Ingredientes para 2 raciones:

120 g de harina integral de trigo sarraceno.
30 g de chufas.
1 cucharadita de polvo de hornear.
1 cucharadita de canela.
200 ml de leche de coco y almendras.
100 g de granola de almendra y canela (sin azúcar).
Aceite de coco.
2 cucharadas de agua.

Preparación:

1. Primero precalienta el horno a 170 °C superior/inferior. Luego, vierte la granola en un bol y mézclala con el aceite y el agua. Después, forra una bandeja de horno con papel de hornear y coloca la mezcla de granola encima.

2. A continuación, hornea la granola durante 10 a 12 minutos y luego da la vuelta, continúa horneando de nuevo durante 5 minutos. A continuación, deja que la granola se enfríe.

3. Ahora mezcla todos los ingredientes excepto la granola en un bol grande hasta que obtengas una masa homogénea. Añade más leche si es necesario.

4. Calienta aceite de coco en una sartén y fríe pequeñas tortitas hasta que se doren. Sirve las tortitas con fruta, jarabe de agave y granola.

AVENA NOCTURNA CELESTIAL CON PERAS Y CHOCOLATE

Valores nutricionales: 263 kcal, 44 g de hidratos de carbono, 6 g de grasas, 10 g de proteínas.

Ingredientes para 2 raciones:

1 pera.
80 g de copos de avena finos.
2 cucharadas de cacao crudo.
2 cucharadas de nueces en grano.
2 cucharadas de *nibs* de cacao.

Preparación:

1. En primer lugar, lava la pera y córtala en cuartos. A continuación, retira las semillas y corta la pera en trozos pequeños.

2. Pon la mitad de la pera en un bol pequeño con los copos de avena, el cacao y la bebida de avena y mézclalo todo.

3. Divide la mezcla en dos vasos y ponla en la nevera durante toda la noche.

4. Reserva el resto de la pera.

5. A la mañana siguiente, sólo hay que picar las nueces. A continuación, adorna el desayuno terminado con la pera, las nueces y los *nibs* de cacao y disfruta de este perfecto desayuno.

DELICIOSAS TORTITAS DE TRIGO SARRACENO

Valores nutricionales: 192 kcal, 28 g de hidratos de carbono, 6 g de grasas, 6 g de proteínas.

Ingredientes para 3 raciones:

250 g de harina de trigo sarraceno.
75 g de almendras molidas.
2 cucharaditas de harina de soja.
Leche de almendras, de arroz o de espelta al gusto.
3 cucharadas de amaranto inflado.

Preparación:

1. En primer lugar, pon el amaranto, las almendras, la harina de trigo sarraceno y la de soja, en un bol y mezcla.

2. A continuación, añade un poco de leche y forma, lentamente, una masa espesa.

3. Luego, hornea las tortitas en una sartén y tu desayuno estará listo. Si lo deseas, puedes adornar las tortitas con fruta fresca.

AVENA ABUNDANTE

Valores nutricionales: 379 kcal, 53 g de hidratos de carbono, 10 g de grasas, 12 g de proteínas.

Ingredientes para 1 ración:

75 g de copos de avena tiernos.
300 ml de sopa de tomate.
1 cucharadita de ajo finamente picado.
½ cucharadita de pimentón picante en polvo.
Sal, pimienta y nuez moscada al gusto.
Verduras frescas de tu elección.
Cobertura de tu elección (por ejemplo, nueces o hierbas frescas).

Preparación:

1. Coloca los copos de avena junto con la sopa de tomate en un cazo y lleva a ebullición y déjalo cocinar a fuego medio hasta que adquiera una consistencia cremosa.

2. Ahora añade todas las especias y el ajo.

3. A continuación, vacía el contenido del cazo en una fuente y adorna con verduras frescas y otros alimentos de tu elección.

DESAYUNO DULCE DE QUINOA Y MIJO

Valores nutricionales: 187 kcal, 32 g de hidratos de carbono, 4 g de grasas, 6 g de proteínas.

Ingredientes para 2 raciones:

1 cucharada de quinoa.

1 cucharada de mijo.

200 g de plátano.

180 g de manzana.

45 g de dátiles *medjool*.

250 ml de leche de almendras.

2 cucharadas de pasta de almendras.

1 cucharada de zumo de limón.

1 pizca de canela.

1 pizca de vainilla.

1 pizca de cristales de sal.

Preparación:

1. En primer lugar, remoja la quinoa y el mijo en agua durante unas horas.

2. A continuación, escurre ambos y lávalos bien. Luego, deja secar.

3. Coloca el mijo y la quinoa en un bol con la leche de almendras. Ralla finamente la manzana y añade directamente. Corta los dátiles y agrega el zumo de limón. Condimenta ambos con la canela, la vainilla y la sal y luego, añade la pasta de almendras.

4. A continuación, pon el desayuno en dos cuencos y adórnalo con rodajas de plátano fresco si lo deseas.

PUDÍN DE DESAYUNO CREMOSO HECHO CON SEMILLAS DE CHÍA

Valores nutricionales: 200 kcal, 4 g de hidratos de carbono, 14 g de grasas, 8 g de proteínas.

Ingredientes para 1 ración:

3 cucharadas de semillas de chía.
200 ml de leche de coco.
1 cucharada de jarabe de agave.
100 g de pulpa de manzana y mango.
Frambuesas frescas.
Grosellas frescas.

Preparación:

1. En primer lugar, mezcla las semillas de chía con la leche de coco y ponlas en la nevera durante unas 12 horas. Te recomiendo que la prepares la noche anterior.

2. Después de eso, el pudín estará listo. A continuación, adorna con frambuesas, grosellas y pulpa de manzana y mango al gusto. Si te gusta el pudín aún más dulce, puedes añadir un poco de jarabe de agave.

MUESLI DE CHUFA ALCALINO

Valores nutricionales: 171 kcal, 29 g de hidratos de carbono, 3 g de grasas, 4 g de proteínas.

Ingredientes para 1 ración:

1 manzana.
1 plátano.
2 cucharadas de chufa molida.
1 cucharada de linaza.
1 cucharadita de zumo de limón.
50 ml de agua.

Preparación:

1. Primero mezcla las semillas de lino y las chufas y luego vierte el agua caliente sobre la mezcla. Puedes añadir canela u otras especias a tu gusto.

2. Coloca el plátano en un bol y tritúralo con la ayuda de un tenedor. Después añade la manzana rallada finamente. Exprime el zumo de limón y viértelo por encima.

3. A continuación, ponlo todo en un bol pequeño y el delicioso muesli alcalino estará listo. Si lo deseas, también puedes añadir algunos frutos secos.

TAZÓN DE BATIDO FRESCO CON GRANOLA CASERA

Valores nutricionales: 339 kcal, 41 g de hidratos de carbono, 7 g de grasas, 11 g de proteínas.

Ingredientes para 1 ración:

Para la granola:

2 cucharadas de copos de avena.

1 cucharada de semillas de calabaza.

1 cucharada de copos de coco.

Un poco de jarabe de arce.

Un poco de sal.

Un poco de canela.

Un poco de especia de pastel de calabaza si lo deseas.

Para el bol de batidos:

2 plátanos congelados.

1 puñado de bayas congeladas, aproximadamente, unos 150 g.

2 cucharadas de *acai* en polvo.

Un poco de agua o leche vegetal (opcional).

Fruta fresca para decorar, por ejemplo, mango, cerezas o arándanos.

Preparación:

1. En primer lugar, prepara la granola. Mezcla los copos de avena con los demás ingredientes. Luego, coloca todo en una sartén a fuego medio. Tuestas el conjunto hasta que esté fragante.

2. A continuación, añade un poco de jarabe de arce a fuego lento y remueve. Cuando todo el líquido haya desaparecido, retira rápidamente todo de la sartén y deja enfriar.

3. Ahora pela y pica todos los ingredientes del batido y ponlos en una batidora. A continuación, se mezcla poco a poco hasta que obtengas una consistencia cremosa. Vierte el batido en un bol y adórnalo con granola y fruta fresca al gusto.

DELICIOSO ARROZ CON LECHE DE QUINOA CON ALMENDRAS

Valores nutricionales: 246 kcal, 46 g de hidratos de carbono, 5 g de grasas, 5 g de proteínas.

Ingredientes para 2 raciones:

100 g de frambuesas.
100 g de quinoa.
300 ml de leche de almendras.
1 pizca de canela molida.
2 cucharadas de almendras fileteadas.
2 cucharadas de copos de coco.
2 cucharadas de miel líquida.

Preparación:

1. Primero lava las frambuesas y escúrrelas. Si utilizas bayas congeladas, simplemente déjalas descongelar.

2. Vierte la quinoa en un colador y enjuágala bien con agua.

3. Coloca la quinoa, la leche de almendras y la canela en un cazo y lleva a ebullición a fuego medio. Luego, deja que todo se cocine a fuego lento durante 15 minutos.

4. A continuación, saca la olla de la cocina y deja que se expanda todo durante 10 minutos.

5. Después, vierte las gachas en dos cuencos y adórnalos con 1 cucharada de almendras y copos de coco. Luego, añade las frambuesas y rocíalas con un poco de miel. Finalmente, disfruta tu comida mientras esté caliente.

MUESLI ALCALINO CON FRAMBUESAS

Valores nutricionales: 198 kcal, 36 g de hidratos de carbono, 3 g de grasas, 4 g de proteínas.

Ingredientes para 2 raciones:

2 plátanos maduros.
1 bol de frambuesas.
6 cucharadas de copos de cacahuete ecológicos.
2 cucharadas de nueces de cedro picadas.
½ limón ecológico.

Preparación:

1. Primero corta el plátano en rodajas. Después, reparte las rodajas entre dos cuencos pequeños.

2. A continuación, añade la mitad de las frambuesas.

3. Tritura las otras frambuesas en otro bol con la ayuda de un tenedor. Luego, mezcla las frambuesas con el zumo de medio limón.

4. Ahora, reparte las frambuesas al limón sobre el resto de la fruta.

5. Después añade las semillas de cedro y los copos de almendra y mézclalo todo. El muesli del desayuno estará listo.

Pan y panecillos alcalinos

ROLLOS DE VERDURAS ALCALINAS

Valores nutricionales: 229 kcal, 43 g de hidratos de carbono, 5 g de grasas, 8 g de proteínas.

Ingredientes para 8 raciones:

100 g de harina de *teff*.
100 g de chufas finamente molidas.
2 cucharadas de aceite de semillas de uva.
2 cucharadas de harina de patata.
1 cucharada de bicarbonato de sodio.
100 g de apio.
100 g de zanahorias.
200 ml de agua.
100 ml de leche de almendra.
50 ml de aceite de oliva.
2 cucharadas de zumo de limón.
3 cucharadas de cáscaras de *psyllium*.
2 cucharadas de semillas de calabaza.
½ cucharadita de cristales de sal.

Preparación:

1. Primero precalienta el horno a 200 °C (superior/inferior). Forra una bandeja de horno con papel de hornear y luego ralla finamente el apio y las zanahorias, agrega ambos en un bol grande y añade todos los demás ingredientes, excepto el bicarbonato de sodio y el zumo de limón.

2. A continuación, espolvorea la masa con bicarbonato de sodio y añade el zumo de limón. Después humedece tus manos y amasa bien la masa hasta que esté bien lisa. Sin embargo, no hay que amasar demasiado para que esta quede bien esponjosa.

3. Ahora forma unos 8 rollos con la masa y colócalos en la bandeja de horno. Por último, introduce los bollos en el horno durante unos 40 minutos hasta que estén ligeramente dorados.

DELICIOSO PAN DE TRIGO SARRACENO

Valores nutricionales: 239 kcal, 23 g de hidratos de carbono, 10 g de grasas, 9 g de proteínas.

Ingredientes para 1 ración:

500 g de harina de trigo sarraceno.
2 cucharadas de semillas de chía.
120 g de trigo sarraceno.
100 g de semillas de calabaza.
3 cucharaditas de miel.
450 ml de agua.
440 ml de agua.
400 ml de agua.
50 g de amaranto.
3 cucharaditas de sal marina.
Un poco de aceite de oliva.

Preparación:

1. Primero empieza a preparar el pan de trigo sarraceno el día anterior.

2. Previamente, coloca en remojo el trigo sarraceno junto con las semillas de calabaza en unos 440 ml de agua. Por la noche, se vuelven a secar las semillas colocándolas en una bandeja de horno forrada con papel de hornear y colócala en la calefacción durante la noche.

3. También en un vaso con 400 ml de agua remoja las semillas de chía durante la noche. Estas deben estar completamente cubiertas por el agua.

4. A continuación, coloca las semillas de trigo sarraceno y las de calabaza en una licuadora y hazlas un puré. Luego reserva el puré.

5. Ahora pon las semillas de chía remojadas en la licuadora con el agua.

6. Después coloca en un recipiente las semillas de chía, el trigo sarraceno, las semillas de calabaza, la miel, la sal marina, el resto del agua, el amaranto y mezcla todo bien con la harina de trigo sarraceno.

7. Engrasa una bandeja de horno grande con aceite o mantequilla y extiende la masa terminada en ella.

8. Ahora coloca la bandeja en el horno a unos 40 °C durante 8 horas hasta que esté seca. Después, da la vuelta al pan una vez y continúa horneando de nuevo durante 8 horas hasta que esté bien firme.

9. Si lo deseas, también puedes espolvorear la masa terminada con granos y guarnición.

PAN DE ESPELTA ALCALINO

Valores nutricionales: 275 kcal, 41 g de hidratos de carbono, 7 g de grasas, 10 g de proteínas.

Ingredientes para 1 ración:

½ taza de harina de espelta.
1 taza de harina de quinoa.
2 cucharaditas de cáscaras de *psyllium* molidas.
1 ½ cucharadita de levadura en polvo.
1 cucharadita de sal marina.
3 tazas de leche de almendras sin azúcar.
½ taza de aceite de coco orgánico prensado en frío.
1 taza de hierbas frescas, por ejemplo, tomillo, orégano o cebollino.

Preparación:

1. Primero precalienta el horno a 180 °C (superior/inferior) y engrasa un molde con aceite de coco o aceite de oliva.

2. Ahora coloca todos los ingredientes, excepto la leche de almendras y el aceite, en un bol grande y mezcla todo.

3. Luego añade la leche de almendras y el aceite. Mezcla todo bien con una batidora hasta que se forme una masa suave.

4. Después, simplemente, rellena el molde con la masa y lleva el pan al horno durante, aproximadamente, 75 minutos. Luego, perfora el pan con un palillo de madera hasta que verifiques que esté listo.

PAN JUGOSO DE QUINOA

Valores nutricionales: 193 kcal, 34 g de hidratos de carbono, 3 g de grasas, 6 g de proteínas.

Ingredientes para 2 raciones:

600 g de semillas de quinoa peladas.
60 g de semillas de girasol.
60 g de semillas de chía.
250 ml de agua.
100 ml de aceite de oliva.
El zumo de un limón.
1 pizca grande de sal.
1 cucharada de bicarbonato de sodio.

Preparación:

1. Deja las semillas de chía y la quinoa en remojo en agua durante toda la noche.

2. Ahora precalienta el horno a 165 °C superior/inferior y forra un molde para pan con papel de hornear.

3. Escurre las semillas y mezcla la quinoa con las semillas de chía en un bol.

4. Añade el agua, el aceite, la sal, el bicarbonato de sodio y el zumo de limón y mezcla con una batidora hasta que se forme una masa suelta.

5. A continuación, pon la masa en el molde y lleva el pan al horno durante unos 90 minutos hasta que esté ligeramente dorado. Disfruta de este sabroso pan cuando aún esté caliente, pues así sabe mejor.

DELICIOSO PAN DE CEREALES SIN HARINA

Valores nutricionales: 250 kcal, 4 g de hidratos de carbono, 16 g de grasas, 22 g de proteínas.

Ingredientes para 1 ración:

180 g de copos de avena.
100 g de nueces.
150 g de semillas de girasol/calabaza.
100 g de semillas de lino.
1 cucharada de polvo de hornear tártaro.
4 cucharadas de cáscaras de *psyllium* o semillas de chía molidas.
1 cucharadita de sal primal.
1 cucharada de jarabe de arce.
3 cucharadas de aceite de colza o de coco, al gusto.
350 ml de agua.

Preparación:

1. Tuesta las nueces en una sartén sin grasa y pícalas o pásalas por la licuadora. Luego, mezcla todos los ingredientes secos en un bol.

2. A continuación, añade los ingredientes húmedos y mezcla bien todo.

3. Forra un molde para pan con papel de horno y extiende la masa en él. Luego, presiona con firmeza. Después reserva y deja que la masa suba, tapada, a temperatura ambiente durante al menos 3 horas. Sería mejor aún de un día para otro en la nevera.

4. Precalienta el horno a 180 °C (superior/inferior) y hornea el pan en el molde durante 30 minutos. Una vez transcurridos los 30 minutos, saca el pan del molde y vuelve a hornearlo durante 20 minutos sin el molde. Cuando el pan forme una corteza dorada, estará listo.

PANECILLOS ESPONJOSOS DE BONIATO

Valores nutricionales: 223 kcal, 42 g de hidratos de carbono, 2 g de grasas, 7 g de proteínas.

Ingredientes para 6 raciones:

100 g de batatas (boniatos).
100 g de patatas harinosas.
100 g de harina de castañas.
50 g de harina de linaza.
50 g de harina de chufa.
½ cucharadita de bicarbonato de sodio.
100 ml de bebida de almendra.
½ cucharadita de cáscara de *psyllium*.
1 cucharadita de goma de *garrofín*.
1 cucharadita de sal marina.
Semillas de comino negro.

Preparación:

1. En primer lugar, precalienta el horno a 220 °C superior/inferior.

2. A continuación, mezcla las harinas, el bicarbonato de sodio, la sal, las cáscaras de *psyllium* y la goma de *garrofín* en un bol grande. Luego, añade la leche.

3. Añade también los boniatos y las patatas ralladas finamente y mezcla con cuidado para que la masa quede bien esponjosa.

4. Forra una bandeja de horno con papel de hornear, luego con tus manos humedecidas forma pequeños rollos o hamburguesas con la masa pasándolas después por las semillas de comino.

5. Coloca los panecillos en la bandeja de horno con suficiente espacio entre ellos e introdúcelos en el horno durante unos 20 minutos en el estante central.

JUGOSOS ROLLOS DE ZANAHORIA CON MIJO

Valores nutricionales: 251 kcal, 38 g de hidratos de carbono, 7 g de grasas, 6 g de proteínas.

Ingredientes para 20 raciones:

200 g de mijo.
150 g de trigo sarraceno.
200 g de zanahorias.
125 g de copos de avena.
550 ml de agua.
2 cucharaditas de sal.
50 g de semillas de girasol.
25 g de semillas de lino.
25 g de sésamo.
20 g de cáscaras de *psyllium*.
1 paquete de polvo de hornear tártaro.
3 cucharadas de aceite de oliva virgen.

Preparación:

1. En primer lugar, pela las zanahorias y córtalas en trozos grandes. Luego colócalos en una picadora y si no tienes, es suficiente con rallar finamente las zanahorias.

2. Ahora pon el mijo y el trigo sarraceno en una licuadora y procésalos hasta convertirlos en harina. Si lo deseas, también puedes utilizar harina ya preparada.

3. A continuación, mezcla todos los ingredientes secos en un bol.

4. Luego mezcla todo con las zanahorias, el aceite y agrega un poco de agua a la vez.

5. Después, mezcla todo con una batidora hasta formar una masa. No añadas toda el agua, pues de lo contrario la masa podría quedar demasiado líquida.

6. Ahora forra una bandeja de horno con papel de hornear y haz unos 20 rollos con la masa terminada. Corta con un cuchillo afilado los bollos un par de veces cada uno.

7. Mientras tanto, precalienta el horno a 200 °C superior/inferior.

8. Después coloca los panecillos en el horno durante unos 25 minutos y al haber transcurrido este tiempo, vuelve a hacer unas incisiones más con el cuchillo y luego introduce los bollos nuevamente en el horno durante 15 minutos.

9. Saca los bollos del horno y déjalos enfriar completamente.

Ensaladas refrescantes

ENSALADA ALCALINA DE PATATA

Valores nutricionales: 229 kcal, 26 g de hidratos de carbono, 9 g de grasas, 11 g de proteínas.

Ingredientes para 2 raciones:

8 patatas cocidas.
8 rábanos.
½ pepino.
1 cebolla pequeña.
1 manojo de cebollinos.
1 cucharada de semillas de girasol.
El zumo de 2 limones.
6 cucharadas de aceite de girasol.
Un poco de comino molido.
Un poco de nuez moscada fresca.
Sal al gusto.
Pimienta recién molida al gusto.

Preparación:

1. En primer lugar, pela las patatas y córtalas en rodajas finas. A continuación, pela y corta la cebolla en dados finos. Luego, lava el cebollino, escúrrelo y córtalo en trozos pequeños.

2. Ahora prepara el aderezo. Basta con mezclar el zumo de limón, el aceite, la cebolla, el cebollino y las especias. Ahora extiende las patatas, capa por capa, en un bol y coloca siempre un poco de aliño entre las capas.

3. Limpia y lava el pepino y los rábanos. Luego córtalos en rodajas finas y mézclalos con la ensalada, después añade las semillas de girasol y mezcla todo. Por último, disfruta de la ensalada de patata alcalina.

DELICIOSA ENSALADA DE BONIATO CON ESPINACAS Y QUINOA

Valores nutricionales: 217 kcal, 35 g de hidratos de carbono, 5 g de grasas, 8 g de proteínas.

Ingredientes para 4 raciones:

2 batatas grandes (boniatos).
4 cucharadas de aceite de girasol.
50 g de quinoa.
2 cucharadas de aceite de oliva.
1 manzana verde.
1 puñado de nueces.
½ granada.
100 g de espinacas tiernas frescas.
Sal al gusto.
Pimienta negra al gusto.
1 cucharadita de pimentón dulce en polvo.
1 pizca de canela.
50 ml de agua.

Para el aderezo:

4 cucharadas de aceite de oliva.
2 cucharadas de miel.
2 cucharadas de mostaza.
2 cucharadas de vinagre balsámico.
1 cucharadita de zumo de limón fresco.
Sal al gusto.
Pimienta negra al gusto.

Preparación:

1. Primero precalienta el horno a 190 °C (superior/inferior) (horno de convección). Luego forra una bandeja de horno con papel para hornear.

2. Lava bien las batatas y divídelas en 4 trozos cada una, seguidamente, córtalas en pequeñas cuñas y mezcla con un poco de aceite y pimentón en polvo. Luego sazona todo con sal y pimienta al gusto.

3. A continuación, coloca las batatas cortadas en cuñas en la bandeja y hornea durante unos 20 minutos hasta que las batatas estén bien blandas.

4. Lava bien la quinoa y cocínala con un poco de agua en una cazuela durante unos 10 minutos. Cuando el agua haya hervido, añade el aceite de oliva para rehogar la quinoa durante unos 5 minutos.

5. Salpimienta y deja enfriar sobre un papel de cocina.

6. Ahora lava la manzana y córtala en rodajas finas.

7. Retira los granos de la granada y pica las nueces. Después lava las espinacas y luego coloca todo en un bol grande con las batatas y la quinoa.

8. Coloca todos los ingredientes del aliño en un recipiente alto y remueve bien. Por último, salpimienta la ensalada y estará lista para disfrutar.

ENSALADA DE ARROZ CON COLIFLOR

Valores nutricionales: 248 kcal, 16 g de hidratos de carbono, 16 g de grasas, 9 g de proteínas.

Ingredientes para 4 raciones:

1 pieza de jengibre.
1 diente de ajo.
1 cebolla.
1 guindilla roja o chile rojo.
½ lima (cal).
3 cebolletas.
500 g de coliflor.
300 g de guisantes.
1 cucharada de aceite de coco.
1 cucharadita de aceite de oliva.
4 cucharadas de aceite de sésamo prensado en frío.
Sal al gusto.
Pimienta al gusto.
Salsa de soja al gusto.
Cilantro fresco o perejil fresco al gusto.

Preparación:

1. Corta la coliflor en ramilletes finos y reserva un cuarto de ellos.

2. Ahora coloca el resto de la coliflor en una picadora y procésala hasta que obtengas trozos del tamaño de un grano de arroz.

3. Calienta un poco de aceite en una sartén y fríe la coliflor procesada con la picadora durante unos 5 minutos hasta que esté ligeramente dorada.

4. A continuación, pica finamente el jengibre, el ajo y el chile rojo. Después, pela la cebolla, córtala en cuartos y luego en aros finos.

5. Calienta el aceite de coco en una sartén o wok y fríe el ajo y el chile rojo. Ahora añade los ramilletes de coliflor, los guisantes, la cebolla, el jengibre y fríe todo hasta que esté al dente.

6. Ahora mezcla el arroz de coliflor con las verduras y añade 3 o 4 cucharadas de aceite de sésamo. Adereza la ensalada con el zumo de media lima, sal, pimienta y salsa de soja. Por último, adorna la ensalada con cilantro fresco.

ENSALADA ALCALINA DE AGUACATE

Valores nutricionales: 180 kcal, 10 g de hidratos de carbono, 16 g de grasas, 4 g de proteínas.

Ingredientes para 2 raciones:

2 aguacates maduros.
4 tomates.
80 g de cohete (rúcula).
1 diente de ajo pequeño.
1 cebolla pequeña.
2 cucharadas de aceite de oliva.
1 limón ecológico.
1 lechuga.

Preparación:

1. Primero lava los tomates y luego quítales el pedúnculo. Luego corta en cubos pequeños.

2. Abre el aguacate y deshuésalo. Corta la pulpa en cubos pequeños. Mezcla en un bol los tomates cortados en dados y los trozos de aguacate.

3. A continuación, lava y seca la lechuga, desmenúzala en trozos y añade a los demás ingredientes.

4. Ahora pela y pica la cebolla y el ajo.

5. Lava el limón y ralla la cáscara, aproximadamente ½ cucharadita. Luego, corta el limón por la mitad y exprímelo.

6. Ahora, mezcla el aceite de oliva, la cebolla, el ajo, la ralladura y el zumo de limón en un bol pequeño. Por último, vierte el aderezo sobre la ensalada. Remueve lentamente y sirve.

DELICIOSA ENSALADA CON NUECES

Valores nutricionales: 165 kcal, 18 g de hidratos de carbono, 6 g de grasas, 6 g de proteínas.

Ingredientes para 4 raciones:

Para la ensalada:
1 lechuga romana.
1 cabeza de achicoria.
1 zanahoria mediana.
1 raíz de perejil mediana.
1 manzana roja.
1 aguacate.
2 chalotas.
12 nueces.

Para el aderezo:
1 cal o lima.
1 cucharada de vinagre de manzana.
3 cucharadas de aceite de oliva.
1 cucharada de aceite de nuez.
1 cucharada de mostaza.
Azúcar de flor de coco.
Sal al gusto.
Pimienta negra recién molida al gusto.

Preparación:

1. Primero exprime la lima y luego mézclala con el vinagre, el aceite, la mostaza, el azúcar, la sal y la pimienta.

2. Pica la lechuga y ralla la zanahoria y la raíz de perejil. A continuación, corta la manzana y el aguacate en dados pequeños.

3. Pica finamente las chalotas, luego las nueces y reparte el aliño en cuatro vasos grandes.

4. Ahora añade la ensalada a los vasos uno por uno. Primero las nueces, luego las chalotas, los aguacates, la manzana, la raíz de perejil, la zanahoria y la lechuga. Después de esto la deliciosa ensalada con nueces estará lista para disfrutar.

ENSALADA DE FRUTAS CON HIGOS Y ZANAHORIAS

Valores nutricionales: 190 kcal, 21 g de hidratos de carbono, 8 g de grasas, 7 g de proteínas.

Ingredientes para 2 raciones:

200 g de minilechuga.
100 g de ensalada de achicoria.
100 g de minizanahorias.
2 higos.
2 cucharadas de almendras fileteadas.

Para el aderezo:

10 cucharadas de agua.
3 cucharadas de aceite de oliva.
3 cucharadas de vinagre balsámico.
1 cucharada de jarabe de manzana.
1 cucharadita de mostaza de Dijon.
Una pizca de cristales de sal.
Pimienta negra del molino al gusto.

Preparación:

1.Primero prepara el aderezo para la ensalada. Para esto, pon todos los ingredientes, excepto el aceite, en un recipiente alto y mezcla con una licuadora de mano. Añade el aceite poco a poco. Sazona el aderezo con sal y pimienta. Ahora reserva mientras continúas con el resto.

2. Sirve la ensalada de achicoria en dos platos. Pica los higos y las zanahorias y añade. Luego, vierte el aderezo sobre la ensalada.

3. Adorna la refrescante ensalada con almendras fileteadas.

ENSALADA REFRESCANTE DE ZANAHORIA

Valores nutricionales: 229 kcal, 26 g de hidratos de carbono, 9 g de grasas, 11 g de proteínas.

Ingredientes para 2 raciones:

½ cabeza de col.
3 zanahorias.
1 cebolla.
1 manojo de perejil.
½ cucharadita de sal marina.
3 cucharadas de aceite de oliva.
1 cucharadita de zumo de limón.
1 taza de leche de coco.

Preparación:

1. Limpia y lava las zanahorias y el repollo. Después, rállalos finamente.

2. Pela la cebolla y córtala en dados finos. Luego, lava el perejil, déjalo secar y pícalo en trozos pequeños.

3. A continuación, mezcla todos los ingredientes en un bol y extiende la leche de coco y el zumo de limón por encima.

4. Condimenta la ensalada con sal y pimienta al gusto. Ahora déjala reposar durante, aproximadamente, 1 hora y luego disfrútala.

ENSALADA ALCALINA CON COLINABO

Valores nutricionales: 170 kcal, 6 g de hidratos de carbono, 10 g de grasas, 13 g de proteínas.

Ingredientes para 2 raciones:

400 g de colinabo.
220 g de chirivías (apio de campo).
200 g de manzana.
1 cucharada de jengibre finamente rallado.
½ limón.

Para el aderezo:
6 cucharadas de crema de almendras.
2 cucharadas de aceite de oliva.
1 cucharada de rábano picante rallado.
2 cucharadas de perejil picado.
Cristales sal al gusto.
Pimienta del molino al gusto.

Preparación:

1. En primer lugar, mezcla todos los ingredientes del aliño en un bol pequeño. Luego, sazona al gusto con sal y pimienta.

2. Pica el colinabo, la manzana, la chirivía y el jengibre y añade. A continuación, mezcla bien y sazona de nuevo con sal y pimienta.

3. Deja reposar toda la ensalada durante al menos 15 minutos. Lo mejor es volver a sazonar la ensalada antes de servirla.

ENSALADA DE BRÓCOLI RICA EN VITAMINAS

Valores nutricionales: 156 kcal, 10 g de hidratos de carbono, 11 g de grasas, 3 g de proteínas.

Ingredientes para 4 raciones:

200 g de brócoli.
1 zanahoria.
1 manzana.
1 tomate.
1 lechuga.
1 cebolla.
50 g de nueces.
6 cucharadas de vinagre de sidra de manzana.
6 cucharadas de aceite de oliva.
1 pizca de sal de hierbas.

Preparación:

1. En primer lugar, lava todas las verduras, incluyendo la lechuga.

2. Ralla finamente la zanahoria y pica el brócoli junto con el tallo.

3. A continuación, corta el tomate, la cebolla y la manzana en dados pequeños.

4. Luego pica las nueces y corta la lechuga en trozos pequeños.

5. Después coloca todos los ingredientes en un bol grande y mezcla. Ahora añade el vinagre de sidra de manzana, el aceite y vuelve a mezclar. Luego de esto, la ensalada ya estará lista para disfrutar, sólo debes dejarla reposar al menos 30 minutos para que este fría al momento de servirla.

DELICIOSA ENSALADA DE ESPINACAS CON MANGO

Valores nutricionales: 229 kcal, 26 g de hidratos de carbono, 9 g de grasas, 11 g de proteínas.

Ingredientes para 4 raciones:

10 g de jarabe de arce.
150 g de mango.
40 g de merey (semillas de anacardos).
150 g de espinacas.
25 g de vinagre balsámico.
100 g de zanahorias.
1 g de pimienta.
20 g de aceite de oliva.
1 g de sal.

Preparación:

1. Lava las espinacas y escúrrelas en un colador. Luego, pela el mango y córtalo en dados pequeños.

2. Pela las zanahorias y cortarlas en bastones finos. Después, mezcla todo en un bol con las espinacas.

3. A continuación, calienta una sartén sin grasa y tuesta brevemente el merey hasta que esté fragante. Luego resérvalo.

4. Ahora prepara el aderezo. Primero, vierte el aceite de oliva, el jarabe, el vinagre, la sal y la pimienta en un recipiente con tapa y agítalo bien.

5. Luego vierte el aderezo sobre la ensalada y mezcla todo bien.

6. Por último, sirve la ensalada en los platos y adorna con merey si lo deseas.

REFRESCANTE ENSALADA CON PATATAS Y RÁBANOS

Valores nutricionales: 241 kcal, 33 g de hidratos de carbono, 8 g de grasas, 6 g de proteínas.

Ingredientes para 4 raciones:

1 kg de patatas cerosas.
1 cebolla suave.
200 ml de caldo de verduras.
4 cucharadas de vinagre de frutas.
1 cucharada de mostaza en grano.
Un poco de pimienta.
250 g de rábanos.
80 g de cohete o rúcula.
10 g de cebollino.
3 cucharadas de aceite de colza.

Preparación:

1. Primero lava las patatas, luego cocínalas al vapor en una olla durante unos 30 minutos hasta que estén blandas. Mientras tanto, pela y corta en dados finos la cebolla.

2. A continuación, vierte el caldo de verduras en un cazo y déjalo hervir hasta que llegue al punto de ebullición, en ese momento añade la cebolla. Baja el fuego del cazo con el caldo de verduras y déjalo a fuego lento durante 5 minutos. Después, añade el vinagre y la mostaza. Salpimienta la mezcla y sazona al gusto.

3. Lava los rábanos y córtalos en rodajas. Luego, lava la rúcula y déjala secar. Lava el cebollino de la misma manera y pícalo finamente.

4. Pela las patatas y córtalas en rodajas finas. Ahora mezcla todo con la marinada y deja la ensalada en la nevera durante unos 30 minutos.

ENSALADA AROMÁTICA DE BONIATO

Valores nutricionales: 452 kcal, 63 g de hidratos de carbono, 17 g de grasas, 9 g de proteínas.

Ingredientes para 4 raciones:

600 g de berenjenas.
800 g de boniatos (batatas).
1 cebolla.
1 diente de ajo.
4 cucharadas de aceite de sésamo.
½ cucharadita de cilantro molido.
½ cucharadita de comino.
Sal al gusto.
Pimienta al gusto.
1 pizca de pimienta de cayena.
300 g de pimiento rojo pequeño.
20 g de jengibre.
2 cucharadas de caldo de verduras.
2 cucharadas de zumo de lima.
40 g de sésamo.
2 pizcas de escamas de chile.
1 lechuga.
100 g de canónigos.

Preparación:

1. En primer lugar, limpia y lava las berenjenas y los boniatos. Luego corta ambos en cubos pequeños.

2. Ahora pela el ajo y la cebolla, después corta la cebolla en tiras y pica el ajo.

3. Calienta un poco de aceite en una sartén y fríe la cebolla y el ajo. A continuación, añade la berenjena y el boniato para saltearlos durante unos minutos.

4. Luego añade el cilantro y el comino. Saltea todo un poco más.

5. Cuando las patatas estén blandas, sazona con sal y agrega las dos variedades de pimienta. Después, deja que todo se enfríe.

6. Mientras tanto, corta los pimientos por la mitad y en dados pequeños.

7. Ahora pela y pica finamente el jengibre y ponlo en un bol con el aceite restante, el caldo, el zumo de lima y las semillas de sésamo. A continuación, sazona todo con un poco de sal, pimienta y un poco de chile.

8. Lava bien la lechuga, desmenúzala en trozos medianos.

9. Por último, mezcla los pimientos, las berenjenas y los boniatos. Ahora añade los canónigos, la lechuga y sirve la ensalada en los platos. Por último, vierte el aderezo por encima.

DELICIOSA ENSALADA CON VERDURAS ASADAS

Valores nutricionales: 340 kcal, 22 g de hidratos de carbono, 23 g de grasas, 10 g de proteínas.

Ingredientes para 4 raciones:

2 zanahorias.
1 calabacín.
300 g de pulpa de calabaza.
2 pimientos rojos.
1 cebolla.
3 tomates secos en aceite.
1 diente de ajo.
1 ramita de tomillo fresco.
4 cucharadas de aceite de oliva.
80 g de nueces mixtas.
1 cucharada de semillas mixtas.
120 g de cohete (o rúcula).
1 manojo de hierbas frescas.
2 cucharadas de vinagre balsámico oscuro.
Sal al gusto.
Pimienta al gusto.

Preparación:

1. En primer lugar, lava las zanahorias, los calabacines, la calabaza y córtalos en dados pequeños.

2. A continuación, lava los pimientos y córtalos en dados gruesos. Luego, pela la cebolla y córtala en trozos pequeños. Escurre los tomates secos y pícalos gruesos.

3. Pela los ajos y pícalos finamente.

4. Ahora lava el tomillo y déjalo secar.

5. Después, coloca las zanahorias, los calabacines, la calabaza, las cebollas, los tomates secos, el ajo y el tomillo en un bol grande y mézclalos.

6. Añade otras 3 cucharadas de aceite y vuelve a mezclar.

7. Seguidamente, extiende la mezcla en una bandeja de horno y hornea las verduras a 200 °C de temperatura (superior/inferior) durante unos 10 minutos. A continuación, mezcla los pimientos, los frutos secos, las semillas y hornea durante otros 10 minutos.

8. Ahora lava la rúcula. Luego, lava y pica las hierbas. Después mezcla la rúcula y las verduras del horno con las hierbas y condimenta la ensalada con vinagre balsámico, un poco de aceite, sal y pimienta.

9. Coloca la ensalada en los platos y disfruta de ella.

ENSALADA DE ZANAHORIA Y CALABACÍN CON ARÁNDANOS

Valores nutricionales: 132 kcal, 16 g de hidratos de carbono, 6 g de grasas, 3 g de proteínas.

Ingredientes para 4 raciones:

20 g de perejil.
20 g de albahaca.
1 diente de ajo pequeño.
75 g de bayas de alcaparras.
2 cucharadas de zumo de limón.
1 cucharada de vinagre de vino blanco.
7 g de mostaza.
1 cucharadita de jarabe de manzana.
2 cucharadas de aceite de oliva.
3 cucharadas de caldo de verduras.
Sal y pimienta al gusto.
500 g de zanahorias bebés de colores.
300 g de calabacines pequeños.
300 g de pepinos pequeños.
200 g de arándanos.

Preparación:

1. Primero prepara el aderezo. Lava y deshoja el perejil y la albahaca. Guarda unas cuantas hojas y pica finamente el resto.

2. Después pela y pica el ajo. Luego, pon en una licuadora las hierbas, el ajo, 1 cucharada de alcaparras, el zumo de limón, el vinagre, la mostaza, el jarabe de manzana, el aceite y el caldo. Haz un puré con todo y sazona con sal y pimienta.

3. Ahora llegamos a la ensalada. Para prepararla, lava las zanahorias anaranjadas y córtalas en tiras finas con un pelador. Corta las zanahorias de colores en cuartos.

4. Lava los calabacines y el pepino y córtalos en tiras finas de la misma manera. A continuación, lava bien los arándanos y déjalos secar.

5. Reparte las tiras de pepino y zanahoria en un plato y enrolla las rodajas de calabacín al gusto.

6. Ahora mezcla todo con los arándanos, las manzanas con alcaparras y las hierbas y sirve en los platos. Por último, vierte el aliño sobre la ensalada y ya estará lista.

ENSALADA DE ALCACHOFAS CON QUINOA Y PEPINO

Valores nutricionales: 134 kcal, 22 g de hidratos de carbono, 2 g de grasas, 4 g de proteínas.

Ingredientes para 4 raciones:

El zumo de un limón.
Sal al gusto.
Pimienta al gusto.
6 cucharadas de aceite de oliva.
6 tallos de menta fresca.
1 lata pequeña de corazones de alcachofa.
1 diente de ajo.
100 g de quinoa.
200 ml de caldo de verduras.
1 pizca de salsa *harissa*.
2 cucharadas de zumo de lima.
1 pepino.
Frisuelos.
Menta para la guarnición.
Lollo Rosso (lechuga de hoja roja).

Preparación:

1. En primer lugar, mezcla el zumo de limón con la sal, la pimienta y el aceite de oliva en un bol pequeño.

2. Lava y pica, finamente, la menta. Después, escurre las alcachofas en un colador y córtalas en cuartos.

3. Ahora mezcla las alcachofas y la menta y añade los ajos una vez pelados. Deja todo en infusión durante unos minutos.

4. Lleva el caldo de verduras a ebullición y añade la quinoa. Deja que se expanda durante unos 15 minutos. Luego sazona con sal, la salsa *harissa*, pimienta y zumo de lima.

5. A continuación, deja que se enfríe todo.

6. Ahora lava el pepino y córtalo por la mitad a lo largo. Seguidamente, descorazónalo y córtalo en trozos pequeños. Lava bien la lechuga y córtala en trozos pequeños.

7. Mezcla todos los ingredientes y decora la ensalada con menta fresca.

ENSALADA DE TOMATE CON MELONES, TORONJA Y CILANTRO

Valores nutricionales: 134 kcal, 22 g de hidratos de carbono, 2 g de grasas, 4 g de proteínas.

Ingredientes para 4 raciones:

2 limones ecológicos.
1 vaina de vainilla.
1 cucharada de miel.
4 cucharadas de aceite de oliva.
Sal y algo de pimienta al gusto.
2 toronjas o pomelos.
3 tomates.
300 g de pulpa de melón.
1 Cebolla roja.
4 tallos de cilantro fresco.

Preparación:

1. Primero lava los limones con agua caliente y luego corta la cáscara. Después corta la cáscara en tiras finas. Luego exprime los limones.

2. Ahora pon el zumo y la ralladura de limón junto con la vainilla y la miel en un cazo, llévalo a ebullición y deja que esto se cocine a fuego lento durante unos 4 minutos.

3. Luego añade el aceite y sazona la mezcla con sal y pimienta.

4. Después pela las toronjas y retira también la piel blanca y afloja la pulpa de la fruta.

5. Ahora enjuaga los tomates y córtalos en rodajas finas. Enseguida, corta el melón en trozos pequeños.

6. Ahora pela la cebolla y córtala en tiras finas. Seguidamente, lava el cilantro y deshójalo.

7. A continuación, pon el melón, la toronja, los tomates, la cebolla y el cilantro en un bol. Ahora mezcla todo con el aderezo y sirve en cuatro platos.

DELICIOSA ENSALADA DE COL ROJA

Valores nutricionales: 130 kcal, 10 g de hidratos de carbono, 7 g de grasas, 3 g de proteínas.

Ingredientes para 8 raciones:

1300 g de col roja.
1 cucharadita de sal yodada.
Pimienta al gusto.
1 cucharada de jarabe de agave.
1 cucharadita de canela en polvo.
5 cucharadas de vinagre de vino blanco.
2 cucharadas de zumo de limón.
2 cucharadas de aceite de nuez.
50 g de nueces.
2 naranjas.

Preparación:

1. En primer lugar, lava la col roja y descarta las hojas exteriores. Luego pártela en cuartos, quita el tallo y córtala en tiras.

2. Ahora pon las tiras en un bol y mézclalas con 1 cucharadita de sal. Deja reposar el conjunto durante 5 minutos.

3. Después añade la pimienta, el jarabe de agave, la canela, el vinagre, el zumo de limón, el aceite de nuez y mezcla todo.

4. Pica las nueces gruesas y tuéstalas en una sartén sin grasa. Luego déjalas enfriar.

4. Pela las naranjas con un cuchillo y retira la piel blanca. Pica la pulpa y mézclala con la col junto con las nueces. Después la deliciosa ensalada de col roja estará lista.

ENSALADA LIGERA DE PEPINO

Valores nutricionales: 181 kcal, 7 g de hidratos de carbono, 16 g de grasas, 1 g de proteínas.

Ingredientes para 4 raciones:

1 pepino.
Sal al gusto.
½ manojo de eneldo fresco.
½ manojo de perejil fresco.
3 cucharadas de aderezo vegano de hierbas.
5 cucharadas de aceite.
Un poco de miel.
Pimienta recién molida al gusto.
Un poco de agua según sea necesario.

Preparación:

1. Primero pela el pepino y córtalo en rodajas finas.

2. A continuación, espolvorea las rodajas con sal. Déjalas marinar en la nevera durante al menos 30 minutos.

3. Mientras tanto, deshoja el eneldo y el perejil y pícalos finamente.

4. En un bol pequeño, mezcla el vinagre y el aceite y viértelo sobre el pepino. Después, sazona la ensalada de pepino con un poco de miel y pimienta. Vierte un poco de agua por encima si es necesario.

5. Ahora añade las hierbas y remueve todo bien. Deja reposar la ensalada un rato antes de servirla.

Sopas alcalinas

DELICIOSA SOPA DE ZANAHORIA Y JENGIBRE

Valores nutricionales: 113 kcal, 8 g de hidratos de carbono, 9 g de grasas, 1 g de proteínas.

Ingredientes para 6 raciones:

500 g de zanahorias.
40 g de jengibre.
1 pizca de sal.
1 pizca de pimienta.
2 cebollas.
½ litro de sopa de verduras (clara).
1 manojo de cebollinos.
1 taza de crema vegetal.
3 cucharadas de aceite.
1 chorro grande de zumo de naranja.

Preparación:

1. Para la deliciosa sopa, primero pela las cebollas y pícalas en dados finos. Ahora saltea las cebollas en una olla grande con un poco de aceite.

2. A continuación, pela las zanahorias y córtalas en trozos grandes. Luego, añádelas a la olla con las cebollas. Desglasa con el caldo de verduras y salpimienta. Ahora deja que todo se cocine a fuego medio durante unos 10 minutos.

3. Pela el jengibre y córtalo en trozos. Añade esto a la sopa y cocina a fuego lento durante otros 10 minutos.

4. Después, tritura todo con una licuadora de mano e incorpora la nata. Seguidamente, vuelva a llevar todo a ebullición y sirve la sopa. Si quieres, puedes adornar o refinar la sopa con un poco de cebollino.

SOPA CREMOSA DE BONIATO

Valores nutricionales: 208 kcal, 29 g de hidratos de carbono, 7 g de grasas, 3 g de proteínas.

Ingredientes para 4 raciones:

800 g de boniatos (batatas).
Un trozo pequeño de jengibre.
1 naranja.
1 cebolla grande.
Cúrcuma.
Comino.
1 litro de caldo de verduras.
150 ml de nata vegetal.
Sal y pimienta al gusto.

Preparación:

1. En primer lugar, pon a hervir el caldo de verduras. Luego, pela los boniatos y córtalos en dados pequeños.

2. A continuación, pela y pica finamente las cebollas.

3. Remueve el caldo de verduras y añade los boniatos y la cebolla.

4. Ahora ralla finamente el jengibre y añádelo a la sopa.

5. Vierte la naranja en la sopa y sazona con cúrcuma, sal, comino y un poco de pimienta.

6. Luego cocina todo en la olla hasta que los boniatos estén bien blandos. Ahora, mezcla la nata y haz un puré fino con una batidora de mano. Después de esto la sopa cremosa de batata estará lista para disfrutar.

SOPA CREMOSA DE ZANAHORIA CON PICATOSTES DE NUECES

Valores nutricionales: 367 kcal, 51 g de hidratos de carbono, 15 g de grasas, 7 g de proteínas.

Ingredientes para 4 raciones:

500 g de zanahorias.
400 g de boniatos (batatas).
1 manzana ácida.
1 cebolla.
2 dientes de ajo.
30 g de jengibre.
3 cucharadas de aceite de oliva.
400 ml de leche de coco.
3 cucharaditas de curry en polvo.
1 pizca de canela.
Sal y pimienta al gusto.
2 rebanadas de pan de nueces.
3 cucharadas de nueces en grano.
2 cucharadas de zumo de lima.

Preparación:

1. Primero lava las zanahorias y córtalas en trozos pequeños. A continuación, lava y pela el boniato y la manzana. Luego córtalos en cubos pequeños.

2. Ahora pela la cebolla, el ajo y el jengibre y córtalos todos en trozos pequeños.

3. Calienta 1 cucharada de aceite en una olla y rehoga la cebolla, el ajo y el jengibre. Después de unos 3 minutos, añade las zanahorias, el boniato y la manzana. Saltea todo durante unos 2 minutos.

4. Reserva unas 4 cucharadas de la leche de coco para la guarnición. Ahora desglasa la mezcla de zanahorias con la leche de coco y 500 ml de agua.

5. Sazona la sopa con sal, pimienta, curry y canela y cocina a fuego lento durante unos 15 minutos.

6. Corta el pan en cubos finos y pica las nueces en trozos grandes. Calienta el otro aceite en una sartén y añade el pan y las nueces, luego fríe ambos hasta que queden crujientes.

7. Ahora haz un puré fino con la sopa y sazona con un poco de sal, pimienta y jugo de limón fresco. Adorna la deliciosa sopa con un poco de leche de coco y reparte por encima los picatostes (el pan tostado) que están en la sartén.

SOPA LIGERA DE PATATA

Valores nutricionales: 141 kcal, 19 g de hidratos de carbono, 5 g de grasas, 5 g de proteínas.

Ingredientes para 4 raciones:

900 g de patatas.
1 cebolla.
1 cucharada de aceite.
1 litro de caldo de verduras.
120 ml de crema de soja.
Sal y pimienta al gusto.
50 g de champiñones marrones.
Hierbas frescas y brotes al gusto.

Preparación:

1. Primero pela las patatas y córtalas en cubos más pequeños. Después, pela y pica la cebolla.

2. Ahora calienta el aceite en una olla grande y saltea la cebolla. Seguidamente, añade los cubos de patata y saltéalos también. Luego vierte el caldo de verduras y tapa la olla. Deja que todo se cocine a fuego lento durante unos 20 minutos.

3. A continuación, añade la crema de soja y tritura todo con una licuadora de mano. Por último, sazona la sopa con sal y pimienta.

4. Corta los champiñones en rodajas finas y fríelos en una sartén con un poco de aceite.

5. Sirve la sopa en los platos y decora con los champiñones, las hierbas frescas y los brotes.

SOPA ALCALINA DE BRÓCOLI CON BERROS FRESCOS

Valores nutricionales: 216 kcal, 15 g de hidratos de carbono, 10 g de grasas, 6 g de proteínas.

Ingredientes para 2 raciones:

1 brócoli pequeño.

2 patatas.

1 pieza de jengibre.

1 cucharada de aceite de oliva.

¼ de cucharadita de comino, cúrcuma, cilantro e hinojo.

500 - 600 ml de caldo de verduras.

30 g de avellanas.

1 cucharada de pasta de almendras.

Un poco de sal marina.

Pimienta recién molida.

2 cucharadas de berros.

Preparación:

1. Para la sopa de brócoli, primero se limpia el brócoli y se corta en ramilletes. Luego, corta el tallo y pícalo en trozos pequeños.

2. A continuación, pela las patatas y córtalas en dados. Después pela y pica finamente el jengibre.

3. Calienta un poco de aceite en una olla grande y saltea el jengibre, las verduras y las especias. Después de unos 3 minutos, desglasa todo con el caldo.

4. Ahora deja que la sopa se cocine a fuego lento durante unos 15 minutos hasta que las verduras estén blandas.

5. Pica las avellanas en trozos grandes. Ahora añade la pasta de almendras a la sopa y haz un puré fino con una licuadora de mano. Después salpimienta la sopa y sírvela en dos cuencos.

6. Una vez servida la sopa de brócoli, decórala con las avellanas y los berros frescos.

SOPA DE COLINABO RICA EN NUTRIENTES

Valores nutricionales: 152 kcal, 45 g de hidratos de carbono, 10 g de grasas, 10 g de proteínas.

Ingredientes para 2 raciones:

300 g de colinabo.
30 g de cebollas.
1 diente de ajo.
20 g de cebolletas.
1 cucharadita de mantequilla.
300 ml de caldo de verduras (claro).
100 g de crema ligera.
20 g de berros frescos.
1 pizca de nuez moscada.
1 pizca de sal.
1 pizca de pimienta negra.

Preparación:

1. En primer lugar, pela el colinabo para la sopa y córtalo en dados pequeños. Seguidamente, pela y pica finamente el ajo y la cebolla.

2. Calienta la mantequilla en una olla grande y rehoga en ella la cebolla y el ajo. Luego añade el colinabo y desglasa todo con el caldo de verduras.

3. Ahora deja que todo se cocine a fuego lento durante unos 15 minutos.

4. Cuando el colinabo esté blando, hazlo todo puré con una licuadora de mano y ponlo a hervir nuevamente. Luego añade la nata y vuelve a sazonar todo con sal, pimienta y un poco de nuez moscada.

5. Ahora lava y pica la cebolleta y añádela a la sopa. Deja que todo vuelva a hervir brevemente. Finalmente, viértela en cuencos y decórala de forma bonita con los berros frescos.

SOPA DE ZANAHORIA ALCALINA CON CURRY

Valores nutricionales: 147 kcal, 15 g de hidratos de carbono, 5 g de grasas, 1 g de proteínas.

Ingredientes para 2 raciones:

250 g de zanahorias.
2 cucharadas de aceite de oliva.
½ litro de caldo de verduras.
2 cucharadas de copos de levadura.
½ cucharadita de curry.
1 pizca de pimienta del molino.
1 pizca de sal de hierbas.
1 cebolla.

Preparación:

1. En primer lugar, lava y pela las zanahorias y luego rállalas por el lado grueso del rallador.

2. A continuación, pela la cebolla y pícala en trozos pequeños.

3. Ahora calienta el aceite en una olla y saltea las zanahorias y las cebollas.

4. Luego, desglasa con el caldo de verduras y cocina a fuego lento durante unos 10 minutos.

5. Después, añade los copos de levadura y sazona todo con curry, pimienta y sal. A continuación, haz un puré con una licuadora de mano y vuelve a llevar a ebullición.

6. Finalmente, la deliciosa sopa de curry y zanahoria estará lista para disfrutarla.

SOPA DE REMOLACHA PICANTE CON CHILE

Valores nutricionales: 126 kcal, 24 g de hidratos de carbono, 1 g de grasas, 14 g de proteínas.

Ingredientes para 2 raciones:

800 g de remolacha.
200 g de patatas.
700 ml de caldo de verduras.
2 cebollas.
Sal al gusto.
Pimienta al gusto.
Chile molido al gusto.
Un poco de aceite de oliva.

Preparación:

1. Para la deliciosa sopa de remolacha, primero hay que pelar la remolacha y luego cortarla en cubos pequeños.

2. A continuación, se pelan las cebollas y las patatas y se cortan ambas también en cubos pequeños.

3. Ahora calienta un poco de aceite en una olla y suda los cubos de verdura enteros en ella. Después desglasa las verduras con el caldo.

4. Luego deja que todo se cocine a fuego lento hasta que las verduras estén bien blandas. Seguidamente, con una licuadora de mano haz un puré fino con todo el contenido de la olla.

5. Por último, sazona la sopa con sal, pimienta y suficiente chile. Disfruta de tu sopa.

SOPA DE VERDURAS ALCALINA

Valores nutricionales: 156 kcal, 28 g de hidratos de carbono, 1 g de grasas, 6 g de proteínas.

Ingredientes para 2 raciones:

1 bulbo de hinojo pequeño.
150 g de zanahorias.
150 g de nabos.
150 g de patatas.
1 cucharada de aceite.
750 ml de caldo de verduras.
Sal y pimienta al gusto.
1 cucharada de zumo de limón.
1 cucharada de salsa de soja.

Preparación:

1. Primero corta el hinojo en tiras. Después, pela las zanahorias, el colinabo y las patatas y córtalos en trozos pequeños.

2. Calienta el aceite en una olla grande y saltea, brevemente, todas las hortalizas.

3. Añade 750 ml de caldo de verduras y cocina la sopa a fuego lento durante 25 minutos con la tapa puesta.

4. Ahora mezcla 3 cucharadas del caldo caliente con el zumo de limón en un bol pequeño. Una vez transcurridos los 25 minutos, simplemente, remueve la mezcla en la sopa.

5. Salpimienta la sopa y sírvela caliente.

SOPA DE COL VEGANA Y ALCALINA

Valores nutricionales: 110 kcal, 16 g de hidratos de carbono, 2 g de grasas, 6 g de proteínas.

Ingredientes para 8 raciones:

1 col de Milán pequeña.
2 cebollas.
3 zanahorias.
1 manojo de verduras.
2 tomates.
2 tallos de perejil fresco.
3 cucharadas de pasta de tomate.
½ litro de caldo de verduras.
Chile en polvo al gusto.
Sal marina al gusto.
2 cucharadas de aceite de oliva.

Preparación:

1. En primer lugar, retira el tallo de la col, córtala por la mitad y luego en trozos pequeños.

2. Ahora pela las cebollas y pícalas finamente. Después, pela las verduras y las zanahorias de la misma manera y córtalas en trozos pequeños.

3. Calienta un poco de aceite en una olla y rehoga brevemente las cebollas. Luego añade la pasta de tomate y espera brevemente.

4. Ahora desglasa todo con el caldo y añade la col, las verduras y los tomates cortados en cuartos.

5. Deja que todo se cocine a fuego lento hasta que las verduras estén bien blandas. Espolvorea el perejil picado por encima y sazona la sopa con sal y un poco de chile en polvo. Ahora puedes hacer un puré con la sopa y disfrutarla.

SOPA DE COLIFLOR CON CHIRIVÍAS Y PURÉ DE ALMENDRAS

Valores nutricionales: 186 kcal, 13 g de hidratos de carbono, 12 g de grasas, 6 g de proteínas.

Ingredientes para 4 raciones:

450 g de coliflor.
120 g de apio.
200 g de chirivías.
1 cebolla.
1 cucharada de aceite de oliva.
900 ml de caldo de verduras.
1 cucharada de pasta de almendra ligera.
Un poco de sal y pimienta.
2 cucharadas de pasta de almendra marrón.

Preparación:

1. Primero limpia y lava la coliflor y luego córtala en ramilletes pequeños. Luego pela el apio y las chirivías y corta ambos en trozos pequeños. A continuación, pela y pica finamente la cebolla.

2. Calienta el aceite de oliva en una olla y rehoga la cebolla hasta que esté transparente. Seguidamente, añade la coliflor, el apio y las chirivías. Después de unos 5 minutos, desglasa todo con el caldo. Ahora deja que la sopa se cocine a fuego lento durante unos 20 minutos.

3. Haz un puré con la sopa y añade un poco de caldo si lo deseas. Condimenta el plato con sal, pimienta y un poco de pasta de almendras.

4. Ahora mezcla un poco de pasta de almendras marrones con agua y adorna la sopa con ella.

DELICIOSA SOPA DE COLES DE BRUSELAS CON DÁTILES Y ANACARDOS

Valores nutricionales: 451 kcal, 32 g de hidratos de carbono, 27 g de grasas, 19 g de proteínas.

Ingredientes para 2 raciones:

110 g de anacardos (merey).
300 g de coles de Bruselas.
500 ml de caldo de verduras.
5 fechas o dátiles *medjool*.
1 limón ecológico.
1 puñado de hierbas frescas.
Una pizca de sal del Himalaya.
Pimienta al gusto.
Bayas de pimienta rosa.

Preparación:

1. En primer lugar, pon en remojo 100 g de anacardos en unos 200 ml de agua. Después de unas 4 horas, pon los frutos secos en una licuadora y haz un puré hasta obtener una crema fina.

2. Mientras tanto, limpia y lava las coles de Bruselas, colócalas en una olla con el caldo y cuece a fuego lento durante unos 20 minutos. A continuación, escurre la col y aparta algunos ramilletes.

3. Ahora pon el resto de la col y la crema de anacardos en una licuadora. Luego añade 200 ml de agua y los dátiles y hazlo todo puré.

4. Si es necesario, también puedes añadir un poco más de agua.

5. Ahora exprime el limón. Después lava y pica, finamente, las hierbas.

6. Sazona la sopa con zumo de limón, sal y pimienta. Ahora añade el resto de la col a la sopa.

7. Sirve la sopa en cuencos con los anacardos, las bayas de pimienta rosa y las hierbas frescas.

SOPA DE CALABAZA AL ESTILO JAPONÉS

Valores nutricionales: 230 kcal, 12 g de hidratos de carbono, 18 g de grasas, 6 g de proteínas.

Ingredientes para 4 raciones:

1 cebolla.
1 diente de ajo.
20 g de jengibre.
600 g de calabaza.
1 cucharada de aceite de cacahuete.
1 litro de caldo de verduras.
250 ml de leche de coco.
30 g de pasta de miso ligera.
5 g de cilantro.
½ cucharada de salsa de soja.
Sal y pimienta al gusto.
½ cucharadita de *Shichimi Togarashi* (mezcla de especias japonesas).

Preparación:

1. En primer lugar, pela el ajo, la cebolla y el jengibre. Después, córtalo todo en trozos pequeños. A continuación, limpia la calabaza y córtala en trozos pequeños.

2. Calienta un poco de aceite en una olla y saltea el jengibre, la cebolla y el ajo. Después de unos 3 minutos, desglasa todo con el caldo de verduras. A continuación, añade 200 ml de leche de coco y la pasta de miso.

3. Lleva todo a ebullición una vez y luego deja que la sopa se cocine a fuego lento durante 20 minutos.

4. A continuación, lava el cilantro y deshójalo. Ahora haz un puré fino con una licuadora de mano y añade un poco más de líquido si lo deseas.

5. Sazona la sopa al gusto con sal, pimienta y salsa de soja. Ahora sírvela en platos y rocía con un poco de leche de coco. Finalmente, condiméntala con la mezcla de especias y decora con el cilantro fresco.

DELICIOSA SOPA DE BONIATO CON MEMBRILLO

Valores nutricionales: 371 kcal, 50 g de hidratos de carbono, 16 g de grasas, 6 g de proteínas.

Ingredientes para 4 raciones:

2 cebollas.
400 g de membrillos.
4 cucharadas de aceite de oliva.
400 g de boniatos (batatas).
1 manzana.
100 g de apio.
800 ml de caldo de verduras.
100 ml de crema de soja.
Un poco de sal y pimienta.
2 tallos de perejil fresco.
1 cucharada de zumo de limón.
4 semillas de pimienta de Jamaica molidas.

Preparación:

1. En primer lugar, pela las cebollas y córtalas en trozos pequeños. Ahora frota los membrillos, pélalos y córtalos en cuartos. A continuación, retira las semillas y córtalas en cubos.

2. Calienta un poco de aceite en una olla y fríe los membrillos con las cebollas durante unos 8 minutos.

3. Mientras tanto, pela los boniatos, la manzana y el apio. Corta la manzana en cuartos y en dados.

4. Reserva 4 cucharadas de membrillo.

5. Ahora añade la manzana y el resto de las verduras a la olla.

6. Después de unos minutos, desglasa todo con el caldo y la crema de soja. Sazónala con un poco de sal y pimienta y déjala cocer a fuego lento durante unos 20 minutos.

7. Pica finamente el perejil y mézclalo con el resto de los membrillos.

8. Ahora haz un puré fino con la sopa y añade un poco más de líquido si es necesario. Condiméntala con el zumo de limón fresco, un poco de sal y pimienta y sirve en los platos. Adorna la sopa terminada con la mezcla de perejil y membrillo y espolvorea con semillas de pimiento molidas.

SOPA CREMOSA DE ZANAHORIA CON MARGARITAS

Valores nutricionales: 240 kcal, 35 g de hidratos de carbono, 6 g de grasas, 6 g de proteínas.

Ingredientes para 4 raciones:

400 g de zanahorias.
200 g de patatas harinosas.
1 pimiento rojo.
1 diente de ajo.
1 cucharada de aceite de oliva.
600 ml de caldo de verduras.
100 ml de zumo de naranja.
Algunas margaritas orgánicas u otras flores comestibles.
3 tallos de perejil fresco.
100 ml de leche de coco.
Sal y pimienta al gusto.
Nuez moscada al gusto.
1 pizca de canela.
Pimienta de cayena al gusto.

Preparación:

1. Primero se limpian las zanahorias y las patatas y se pelan. Corta una zanahoria en rodajas y el resto de las zanahorias con las patatas en dados pequeños.

2. Ahora corta el pimiento por la mitad y en cubos pequeños. A continuación, se pelan los ajos y se cortan en rodajas finas.

3. Calienta un poco de aceite en una olla más grande y saltea en ella las zanahorias, los pimientos, las patatas y el ajo.

4. Después de 3 minutos, añade el caldo y el zumo. Ahora deja que todo se cocine a fuego lento durante unos 20 minutos.

5. Mientras tanto, lava las flores. Después lava y pica finamente el perejil.

6. Reserva algunas rodajas de zanahoria y trozos de pimiento para decorar. Ahora añade la leche de coco a la sopa y haz un puré fino con todo. A continuación, sazona con sal, pimienta, nuez moscada, canela y un poco de pimienta de cayena y sirve en los platos.

7. Adorna la sopa terminada con las rodajas de zanahoria, las flores, el perejil y los trozos de pimiento.

DELICIOSA SOPA DE TOMATE ASADO CON GARBANZOS Y PAN

Valores nutricionales: 278 kcal, 52 g de hidratos de carbono, 3 g de grasas, 10 g de proteínas.

Ingredientes para 4 raciones:

Para la sopa de tomate:
1 cucharada de aceite de oliva.
4 tomates grandes.
1 cebolla.
3 dientes de ajo.
2 latas de tomates picados (400 g cada una).
2 cucharadas de pasta de tomate.
1 lata de leche de coco (400 ml).
3 cucharaditas de caldo de verduras en polvo.
2 cucharadas de jarabe de arce.
Sal y pimienta al gusto.
Perejil fresco para servir.
Leche de coco para servir.

Para los garbanzos:
1 lata de garbanzos cocidos (aprox. 265 g).
2 cucharadas de aceite.
½ cucharadita de pimentón en polvo.
Sal y pimienta al gusto.

Para los sándwiches de queso:
6 rebanadas de pan.
Queso espolvoreado vegano.
Aceite de oliva para cepillar.

Para los picatostes:
2 rollos.
Aceite de oliva para cubrir.

Preparación:

1. En primer lugar, precalienta el horno a 220 °C superior/ inferior y forra una bandeja de horno con papel de hornear.

2. A continuación, corta los tomates y las cebollas en cuartos y pela los dientes de ajo y colócalos en la bandeja de horno. Unta todo con un poco de aceite de oliva.

3. Luego, hornea durante unos 30 minutos hasta que se tueste ligeramente.

4.Después saca el conjunto del horno. Luego agrega en una licuadora los tomates picados con la pasta de tomate. Hazlo todo puré hasta que quede bien cremoso.

5. Vierte todo en una olla más grande y lleva a ebullición.

6.Ahora seguimos con los garbanzos. Precalienta el horno a 200°C (superior/inferior) y forra una bandeja de horno con papel de hornear. A continuación, mezcla los garbanzos con el aceite y las especias. Luego, extiéndelos en la bandeja.

7. Para los sándwiches, espolvorea la mitad del pan con queso rallado y coloca las otras rebanadas de pan encima. Pincela los sándwiches con un poco de aceite de oliva y colócalos en la bandeja.

8. Para los picatostes, pincela los panecillos con un poco de aceite de oliva. Luego, córtalos en cubos pequeños. Seguidamente, colócalos en la bandeja de horno.

9.Ahora pon todo en el horno durante unos 30 minutos. Los panes también pueden estar listos después de 20 minutos.

10. Por último, retira todo del horno y sirve con la sopa. Disfruta de tu comida.

DELICIOSA SOPA DE ALMENDRAS

Valores nutricionales: 575 kcal, 23 g de hidratos de carbono, 45 g de grasas, 19 g de proteínas.

Ingredientes para 4 raciones:

150 g de almendras en grano sin pelar.
3 dientes de ajo.
4 cucharadas de aceite de oliva.
200 g de yogur.
40 ml de zumo de limón.
Sal y pimienta al gusto.
1 manzana ácida.
100 g de semillas mixtas para espolvorear.

Preparación:

1. Primero escalda las almendras con agua hirviendo y luego extrae los granos de la cáscara.

2. A continuación, pela los ajos y ponlos en la batidora con las almendras.

3. Añade el aceite de oliva, 600 ml de agua, el yogur y mezcla.

4. Condimenta todo con zumo de limón fresco, sal, pimienta y deja reposar en la nevera durante 1 hora aproximadamente.

5. Ahora pela la manzana, córtala en cuartos y retira las semillas. Córtala en cubos pequeños y rocíalas con un poco de zumo de limón.

6. Fríe las semillas en una sartén sin grasa y sírvelas junto con los trozos de manzana sobre la sopa.

Platos principales alcalinos

LASAÑA ALCALINA A BASE DE PURÉ DE GUISANTES Y REMOLACHA

Valores nutricionales: 245 kcal, 51g de carbohidratos, 1 g de grasa, 6 g de proteína.

Ingredientes para 4 raciones:

6 patatas harinosas.
2 remolachas.
2 zanahorias grandes.
100 g de guisantes.
1 chalota.
2 dientes de ajo.
1 puñado de albahaca fresca.
Algunos puerros.
Sal y pimienta negra al gusto.
Nuez moscada al gusto.
Un poco de aceite de oliva.

Preparación:

1. Primero hierve las patatas hasta que estén muy blandas. Luego quítales la piel y tritúralas bien. Después, sazona con un poco de sal, pimienta y nuez moscada. Si las patatas aún no están del todo blandas, añádeles un poco de agua.

2. Pela las remolachas y envuélvelas en papel de aluminio. A continuación, coloca las remolachas en una bandeja de horno cubierta con papel de hornear y hornea durante unos 45 minutos a 180 °C (superior/inferior).

3. A continuación, pela las zanahorias y córtalas en rodajas finas. Luego, pon las zanahorias y los guisantes en una olla y cocina ambos hasta que estén blandos.

4. Ahora coloca la chalota, las zanahorias, el ajo, los guisantes y la albahaca en una licuadora y haz con ellos un puré fino. Sazónalo con sal, pimienta y un poco de nuez moscada.

5. A continuación, corta el puerro por la mitad y luego en trozos de unos 5 cm de largo. Escalda los puerros muy brevemente y vuelve a cortarlos.

6. Ahora coloca los ingredientes individuales capa por capa en un molde para la lasaña. Primero el puré de patata, luego las tiras de puerro, el puré de guisantes, las tiras de puerro de nuevo y luego la remolacha. A continuación, repite todo el proceso hasta que se agoten los ingredientes.

7. ¡Una ensalada verde acompaña perfectamente a la lasaña!

DELICIOSA *FRITTATA* CON ESPINACAS Y PUERROS

Valores nutricionales: 225 kcal, 27 g de hidratos de carbono, 9 g de grasas, 11 g de proteínas.

Ingredientes para 4 raciones:

4 patatas medianas cocidas.
4 huevos.
1 puerro.
1 puñado de hojas de espinacas.
1 manojo de perejil.
1 cebolla.
1 diente de ajo.
3 cucharadas de queso mozzarella rallado.
Sal y pimienta al gusto.
2 cucharadas de aceite de oliva.

Preparación:

1. Primero, precalienta el horno a 200 ° C (superior/inferior).

2. Hierve las patatas hasta que estén blandas. A continuación, pélalas y córtalas en rodajas.

3. Ahora lava el puerro y córtalo en aros finos. Luego, lava bien las espinacas y pícalas en trozos grandes.

4. Pela la cebolla y el ajo y pícalos finamente.

5. Calienta un poco de aceite en una sartén y fríe la cebolla y el ajo.

6. Añade las patatas, el puerro y las espinacas a la sartén.

7. A continuación, bate los huevos y sálalos un poco, seguidamente, mézclalos con una cucharada de queso.

8. Lava medio manojo de perejil y pícalo, finamente. Después, añádelo a los huevos.

9. Vierte el conjunto en la sartén y mezcla bien.

10. Rellena todo en una tartera o cazuela y espolvorea con el queso y el perejil restante.

La *frittata* necesita ahora unos 15 minutos en el horno y ya estará lista para degustar.

TAZÓN DE COLORES CON AGUACATE, PATATAS Y QUESO FETA

Valores nutricionales: 483 kcal, 43 g de hidratos de carbono, 27 g de grasas, 14 g de proteínas.

Ingredientes para 2 raciones:

400 g de patatas cerosas.

Sal al gusto.
½ pepino.
½ manojo de rábanos.
1 puñado de rúcula.
4 pepinillos.
1 aguacate.
1 ramita de mejorana.
4 cucharadas de yogur (3,5 % de grasa).
1 cucharada de aceite de linaza.
Pimienta al gusto.
50 g de queso feta.
2 cucharaditas de semillas de girasol.

Preparación:

1. Primero pela las patatas. A continuación, hiérvelas en agua con sal durante 15 minutos. Luego, vierte el agua y escúrrelas.

2. Ahora lava el pepino y los rábanos y córtalos en rodajas finas. Lava la rúcula y déjala secar. Corta los pepinillos a lo largo y en rodajas.

3. Parte el aguacate por la mitad y quítale el hueso. Corta la pulpa en tiras finas.

4. Ahora llegamos a la inmersión. Lava y pica finamente la mejorana. Haz una mezcla con el yogur, el aceite, la mejorana, los pepinillos y un poco de jugo de pepino. Condimenta con un poco de sal y pimienta.

5. Corta las patatas en rodajas y mézclalas con los pepinos, los rábanos y la rúcula. Pon todo en dos cuencos y añade el aguacate. A continuación, desmenuza el queso feta por encima y añade las semillas de girasol. Por último, añade la salsa.

DELICIOSO BOL CON GARBANZOS, REMOLACHA Y NUECES

Valores nutricionales: 430 kcal, 25 g de hidratos de carbono, 32 g de grasas, 11 g de proteínas.

Ingredientes para 2 raciones:

200 g de remolachas.
Sal marina al gusto.
350 g de garbanzos.
½ manojo de perejil fresco.
100 g de nueces.
4 cucharadas de aceite de oliva.
Aceite de oliva para freír.
2 cucharadas de vinagre balsámico.
1 cucharadita de alcaravea molida.
1 diente de ajo.
3 cebolletas.
Pimienta al gusto.
Zumo de limón fresco.

Preparación:

1. Primero se corta la remolacha en pequeños dados y se salpimienta. A continuación, escurre y enjuaga los garbanzos.

2. Corta las cebolletas en aros finos y pica el ajo, el perejil y las nueces. Luego calienta un poco de aceite en una sartén y saltea brevemente el ajo y la cebolleta. Seguidamente, añade los garbanzos.

3. Después, en un bol pequeño, mezcla un poco de aceite de oliva, el vinagre balsámico y las semillas de alcaravea, y salpimienta. A continuación, mezcla la remolacha, los garbanzos y las nueces con el aliño y espolvorea el perejil picado. Si quieres, rocía un poco de zumo de limón fresco por encima.

BERENJENAS CON BONIATO, ESPÁRRAGOS Y QUESO *HALLOUMI*

Valores nutricionales: 789 kcal, 53 g de hidratos de carbono, 50 g de grasas, 32 g de proteínas.

Ingredientes para 4 raciones:

1 berenjena.
9 cucharadas de aceite de oliva.
Escamas de chile.
Sal al gusto.
Pimienta al gusto.
2 boniatos (batatas).
1 guindilla roja o chile rojo.
2 cucharadas de semillas de girasol.
1 manojo de espárragos verdes.
4 cucharadas de zumo de limón.
200 g de garbanzos.
½ manojo de albahaca.
½ manojo de melisa.
1 cucharadita de mostaza.
½ cucharadita de cúrcuma.
1 cucharadita de miel.
300 g de queso *halloumi*.

Preparación:

1. Primero se limpia la berenjena y se lava. Luego, córtala en rodajas. Ahora calienta 2 cucharadas de aceite en una sartén y fríe las rodajas de berenjena hasta que se doren. Condiméntalas con chile, sal y pimienta. Luego, resérvalas por un tiempo.

2. Ahora pela los boniatos y córtalos en cubos. Luego parte el chile rojo por la mitad a lo largo y córtalo en rodajas. Calienta de nuevo 1 cucharada de aceite en la sartén y fríe los boniatos durante unos 10 minutos.

3. Seguidamente, añade una cucharada de semillas de girasol y chile rojo. Luego sazona todo con sal y pimienta y reserva el contenido de la sartén.

4. Ahora lava los espárragos y corta las puntas. Si es necesario, pela un poco los espárragos y fríelos en la sartén con 1 cucharada de aceite. A continuación, desglasa el conjunto 5 minutos después con 1 cucharada de zumo de limón y 2 cucharadas de agua y cocina durante otros 3 minutos.

5. Luego enjuaga los garbanzos. Después, lava y pica finamente la albahaca y la melisa. Seguidamente, mezcla los garbanzos con la mitad de las hierbas y 1 cucharada de aceite. A continuación, espolvorea el conjunto con un poco de sal y pimienta.

6. Ahora prepara el aderezo mezclando el aceite restante, 3 cucharadas de zumo de limón, la mostaza, la cúrcuma, la miel y un poco de sal y pimienta. En seguida, incorpora el resto de las hierbas.

7. Corta el queso en rodajas y fríelo en una sartén hasta que se dore por todos los lados.

8. A continuación, sirve las batatas y las rodajas de berenjena en los platos. Luego añade los garbanzos, los espárragos y el queso *halloumi* y aliña todo con el aderezo. Espolvorea el plato con algunas semillas de girasol.

DELICIOSOS FIDEOS DE CALABACÍN CON SALSA DE TOMATE Y ALBAHACA

Valores nutricionales: 216 kcal, 27 g de hidratos de carbono, 7 g de grasas, 7 g de proteínas.

Ingredientes para 2 raciones:

3 cucharadas de aceite de oliva.
2 cebolletas.
1 diente de ajo.
1 cucharada de pasta de tomate.
300 ml de caldo de verduras.
250 g de tomates.
2 cucharaditas de jarabe de yacón.
1 cucharadita de *tamari* (salsa de soja).
1 pizca de vainilla en polvo.
Sal y pimienta al gusto.
2 cucharadas de pasta de almendra blanca.
1 cucharadita de vinagre de sidra de manzana.
200 g de tomates *cherry*.
3 cucharadas de albahaca finamente picada.
680 g de calabacines.

Preparación:

1. En primer lugar, corta las cebolletas en aros finos. Sin embargo, corta la parte verde y la blanca por separado. Ahora pela y pica finamente el ajo.

2. Retira el pedúnculo de los tomates y córtalos en cubos pequeños. A continuación, corta por la mitad los tomates *cherry* y pica, finamente, la albahaca.

3. Utiliza un rallador en espiral y convierte los calabacines en espaguetis.

4. Ahora pon una cucharada de aceite en una sartén y caliéntala. Después, fríe las cebolletas blancas durante 2 minutos. Después, añade el ajo y la pasta de tomate.

5. Desglasa con 300 ml de caldo de verduras y añade los dados de tomate, el jarabe de yacón, el *tamari* y un poco de vainilla en polvo. Deja que todo hierva, brevemente, y espolvorea con sal y pimienta.

6. A continuación, reduce el fuego y deja que el plato se cocine a fuego lento durante unos 10 minutos.

7. Ahora añade la pasta de almendras, los copos de levadura y el vinagre de sidra de manzana. Luego añade los aros de cebolleta verde y la albahaca. Ahora vuelve a hervir todo y sazona con sal y pimienta.

8. Calienta unas 2 cucharadas de aceite en otra sartén y fríe los fideos de calabacín brevemente. A continuación, sazona con un poco de sal y pimienta.

9. Coloca la pasta junto con la salsa y adorna el plato con hierbas frescas al gusto.

DELICIOSA OLLA DE GARBANZOS Y ESPINACAS

Valores nutricionales: 165 kcal, 11 g de hidratos de carbono, 5 g de grasas, 19 g de proteínas.

Ingredientes para 4 raciones:

250 g de garbanzos secos.
300 g de espinacas congeladas.
2 cebollas grandes.
2 dientes de ajo.
6 tomates maduros.
2 ramitas de romero fresco.
2 cucharadas de aceite de oliva.
1 cucharada de jarabe de agave.
Hojas de laurel.
1 pizca de chile.
Comino al gusto.
Sal al gusto.

Preparación:

1. En primer lugar, pon la noche anterior los garbanzos en remojo con suficiente agua.

2. Al día siguiente, vierte el agua y pon a hervir 500 ml de agua en una olla. Ahora añade los garbanzos y cocina a fuego lento durante unos 35 minutos.

3. Mientras tanto, deja que las espinacas se descongelen un poco y pela las cebollas. A continuación, corta las cebollas por la mitad y en dados pequeños.

4. Pela los ajos y pícalos finamente.

5. Ahora escalda los tomates con agua hirviendo. Seguidamente, acláralos en agua fría y quítales la piel. Luego, córtalos en cubos pequeños.

6. Después lava el romero y corta las hojas bien pequeñas.

7. Escurre los garbanzos y reserva el líquido.

8. Ahora pon el aceite y el jarabe de agave en una olla más grande. Calienta ambos y fríe en ellos las cebollas y los ajos. A continuación, añade los garbanzos, un poco de líquido, el romero, las hojas de laurel, el chile en polvo y el comino.

9. Deja que todo se cocine a fuego lento durante unos 15 minutos.

10. Ahora añade los tomates y las espinacas y cocina durante otros 15 minutos. Por último, salpimienta todo y ¡el plato estará listo!

DELICIOSO CURRY CON PATATAS FRITAS

Valores nutricionales: 617 kcal, 61 g de hidratos de carbono, 34 g de grasas, 16 g de proteínas.

Ingredientes para 4 raciones:

800 g de patatas cerosas.
4 cucharadas de aceite de oliva.
Sal al gusto.
2 ramitas de romero fresco.
1 kg de raíz de perejil.
500 g de zanahorias.
2 puerros.
2 dientes de ajo.
20 g de jengibre.
1 guindilla roja o chile rojo.
2 cucharadas de pasta de curry amarilla.
500 ml de caldo de verduras.
400 ml de leche de coco.
1 cucharada de zumo de limón.
5 g de cilantro (½ manojo).

Preparación:

1. Primero lava las patatas y deja que se sequen un poco. A continuación, corta en gajos y mezcla con 2 cucharadas de aceite y sal en un bol.

2. Forra una bandeja de horno con papel de hornear y extiende las patatas en ella.

3. Mientras tanto, precalienta el horno a 200 °C (superior/inferior) y hornea durante 15 minutos.

4. Ahora lava el romero y quita las hojas. Después de transcurrir los 15 minutos saca las patatas, esparce el romero sobre ellas y vuelve a meter la bandeja en el horno durante otros 10 minutos.

5. A continuación, pela la raíz de perejil y las zanahorias y corta ambas en dados pequeños. Ahora corta el puerro por la mitad a lo largo y en aros finos.

6. Pela el ajo y el jengibre y pica ambos finamente. Lava y corta por la mitad chile rojo y pícalo igual de fino.

7. Calienta el aceite restante en una olla y saltea, brevemente, el ajo, el pimiento y el jengibre. A continuación, añade el resto de las verduras y rehógalas durante 3 minutos.

8. Desglasa con la pasta de curry, el caldo y la leche de coco y añade un poco de sal. Ahora cocina a fuego lento durante 15 minutos hasta que las verduras estén firmes al morderlas.

9. Condimenta el curry con zumo de limón y sal.

10. Ahora lava y pica finamente el cilantro. Divide el curry en cuatro cuencos y espolvorea con el cilantro. Sirve con las patatas asadas con romero.

DELICIOSA SARTÉN DE TOFU CON PIMIENTOS Y COL CHINA

Valores nutricionales: 260 kcal, 12 g de hidratos de carbono, 13 g de grasas, 23 g de proteínas.

Ingredientes para 4 raciones:

400 g de col china pequeña.
1 pimiento amarillo.
1 pimiento rojo
1 cebolla.
1 diente de ajo.
10 g de jengibre.
500 g de tofu ahumado.
2 cucharadas de aceite de sésamo.
100 ml de caldo de verduras.
2 cucharadas de salsa de soja ligera.
Un poco de sal y pimienta.

Preparación:

1. En primer lugar, lava la col china y los pimientos y córtalos en tiras.

2. Pela y pica finamente la cebolla y el ajo. Después, pela el jengibre y rállalo finamente. Luego corta el tofu en cubos pequeños.

3. Ahora calienta el aceite en un wok y fríe la cebolla y el ajo. A continuación, añade el jengibre. Después de haber pasado unos minutos añade la col, los pimientos y el tofu.

4. Desglasa el plato con el caldo después de unos 2 minutos. Ahora deja cocinar durante otros 5 minutos y, finalmente, sazona con salsa de soja, sal y pimienta.

DELICIOSA SARTÉN DE SETAS CON BRÓCOLI

Valores nutricionales: 162 kcal, 15 g de hidratos de carbono, 5 g de grasas, 6 g de proteínas.

Ingredientes para 2 raciones:

1 chorrito de aceite.
1 cebolla mediana.
1 patata grande.
1 cabeza de brócoli.
6 setas medianas.
1 cucharadita colmada de polvo de caldo de verduras .

Preparación:

1. En primer lugar, toma una sartén grande antiadherente y calienta un poco de aceite y saltea las cebollas.

2. Corta la patata en dados pequeños y fríela hasta que estén doraditas.

3. Corta el brócoli en ramilletes y cuando las patatas estén casi listas los agregas a la sartén. Luego corta los champiñones en rodajas finas y mezcla todo. Luego espolvorea la sartén con el polvo de caldo de verduras.

4. A continuación, coloca la tapa en la sartén y deja que todo se cocine al vapor durante otros 5 minutos. El plato estará listo cuando el brócoli haya alcanzado la consistencia adecuada de tu gusto.

DELICIOSAS BOLAS DE MIJO CON UN CREMOSO PURÉ DE BONIATO

Valores nutricionales: 229 kcal, 26 g de hidratos de carbono, 9 g de grasas, 11 g de proteínas.

Ingredientes para 2 raciones:

Para el puré:
250 g de boniatos (batatas).
1 chalote.
2 dientes de ajo pequeños.
Un poco de aceite de oliva.
100 ml de nata vegetal.

Para las bolas de mijo:
250 g de mijo dorado.
500 ml de caldo de verduras.
½ cucharadita de cúrcuma.
1 cucharada de copos de levadura.

Para la guarnición:
Berros frescos.
Sésamo tostado.

Preparación:

1. Primero se pican los ajos y las cebollas finamente y se fríen ambos en un poco de aceite de oliva.

2. Pela el boniato y córtalo en dados pequeños. Añade esto a las cebollas y 100 ml de agua.

3. Ahora deja que todo se cocine a fuego lento con la tapa puesta durante unos 15 a 20 minutos hasta que las verduras estén realmente blandas.

4. Después añade la nata y lleva todo de nuevo ebullición.

5. A continuación, tritura todo con la ayuda de una licuadora de mano hasta que quede un puré. Si lo deseas puedes añadir un poco más de crema a tu gusto, luego salpimienta y estará listo.

6. Ahora llegamos a las bolas de mijo. Lava bien el mijo en un colador y ponlo a hervir en una olla con 500 ml de caldo y cúrcuma. A continuación, se deja hervir con una tapa durante otros 30 minutos.

7. Sazona el mijo con sal y pimienta, deja enfriar un poco y mezcla con los copos de levadura.

8. Ahora humedece tus manos y forma pequeñas bolas con el mijo. Después calienta un poco de aceite en una sartén y fríe las bolas hasta que estén doradas.

9. Por último, sirve las bolas con puré de boniato, un poco de berro y semillas de sésamo tostadas. ¡Una ensalada verde va muy bien con esto!

CURRY ALCALINO CON CALABAZA Y PATATAS

Valores nutricionales: 396 kcal, 60 g de hidratos de carbono, 8 g de grasas, 16 g de proteínas.

Ingredientes para 3 raciones:

5 patatas harinosas.
1 cebolla.
1 calabaza pequeña *(Hokkaido)*.
1 puñado de espinacas frescas.
1 puñado de garbanzos germinados.
3 cucharadas de aceite de girasol.
1 cucharadita de *garam masala*.
1 cm de jengibre fresco.
1 guindilla roja o chile rojo pequeño.
200 ml de leche de almendras sin azúcar.
150 ml de caldo de verduras.
4 tomates conservados en aceite.
Pimienta negra recién molida al gusto.
Sal marina al gusto.
Cilantro fresco al gusto.

Preparación:

1. En primer lugar, lava las patatas y pélalas. Seguidamente, córtalas en trozos pequeños y cuécelas al vapor durante unos 20 minutos hasta que estén blandas.

2. A continuación, pela la cebolla y córtala en trozos pequeños.

3. Luego divide la calabaza, se le quitan las semillas y se corta en cubos más pequeños.

4. Lava el chile rojo y retira el tallo. Córtalo también en trozos pequeños.

5. Calienta el aceite en una olla grande y rehoga las cebollas. Luego se añade el *garam masala* y se fríe todo un poco.

6. Después añade el jengibre fresco rallado con el caldo de verduras, el chile rojo y la calabaza. Deja que todo se cocine a fuego lento durante unos minutos.

7. Coloca los tomates en una licuadora y haz un puré.

8. Añade los tomates y la leche de almendras a la olla y cocina a fuego lento hasta que la calabaza esté bien blanda. Por último, sazona el curry con sal y pimienta.

9. Ahora lava las espinacas, divídelas en trozos pequeños y cuécelas brevemente en el curry.

10. Por último, añade las patatas y los garbanzos. Cocina hasta que todo esté blando.

11. Finalmente, sirve el curry en tazones y adorna con cilantro fresco si lo deseas.

COLORIDA SARTÉN DE BRÓCOLI CON PATATAS

Valores nutricionales: 255 kcal, 26 g de hidratos de carbono, 14 g de grasas, 6 g de proteínas.

Ingredientes para 4 raciones:

1 brócoli de unos 500 g.
400 g de patatas.
1 cebolla.
2 dientes de ajo.
1 puñado de tomates secos.
100 g de queso crema vegetal o queso crema *light*.
50 g de nata vegetal.
100 g de leche de coco.
1 cucharada de aceite.
Sal al gusto.
Pimienta negra al gusto.
Unos cuantos anacardos para decorar.
Hierbas frescas para decorar.

Preparación:

1. Hierve agua en una olla y coloca dentro las patatas con su piel.

2. Pica el brócoli en ramilletes pequeños y cuécelo durante 2 a 3 minutos.

3. Mientras tanto, pica la cebolla, el ajo y los tomates secos en trozos pequeños.

4. Cuando las patatas estén cocidas, enjuágalas en agua fría y córtalas en rodajas finas.

5. Calienta un poco de aceite en una sartén y fríe, brevemente, la cebolla, los tomates y el ajo.

6. A continuación, añade el brócoli y las patatas. Ahora añade la nata, la leche y el queso crema y remueve hasta que todo esté bien mezclado.

7. Condimenta la sartén con las especias y disponla en cuatro platos.

8. Por último, adorna el plato con sabrosos anacardos y hierbas frescas.

DELICIOSAS PATATAS DE BOLSA CON BRÓCOLI FRESCO

Valores nutricionales: 471 kcal, 37 g de hidratos de carbono, 29 g de grasas, 16 g de proteínas.

Ingredientes para 4 raciones:

500 g de patatas tempranas pequeñas.
3 ramitas de romero fresco.
4 cucharadas de aceite de oliva.
Sal y pimienta al gusto.
Un puñado de berros de jardín.
1 cucharadita de zumo de limón.
100 g de puré de anacardos.
Nuez moscada al gusto.
600 g de brócoli.
50 g de anacardos.
½ manojo de rábanos.
1 manojo de cebolletas frescas.

Preparación:

1. En primer lugar, lava bien las patatas y córtalas por la mitad. Luego lava el romero y arráncale las hojas.

2. Ahora mezcla las patatas y el romero con 2 cucharadas de aceite de oliva y un poco de sal y pimienta.

3. Forra una bandeja de horno con papel de hornear y extiende las patatas en ella. Precalienta el horno a 200 °C (superior/inferior) y mete las patatas en el horno durante unos 30 minutos.

4. Mientras tanto pica finamente los berros y mézclalos con el zumo de limón fresco y el puré de anacardos.

5. A continuación, tritura todo con una picadora y añade suficiente agua para hacer una salsa adecuada. Condimenta al gusto con sal, nuez moscada y pimienta.

6. Ahora limpia el brócoli y córtalo en ramilletes más pequeños. Mézclalo en un bol con aceite, sal y un poco de pimienta. Después, añade el brócoli a las patatas en el horno y hornea durante 15 minutos.

7. Mientras tanto, calienta una sartén sin grasa y tuesta un poco los anacardos hasta que estén ligeramente dorados.

8. Lava los rábanos y córtalos en bastones finos. Seguidamente, lava las cebolletas y córtalas en aros finos.

9. Saca las patatas y el brócoli del horno y coloca ambos en los platos. Finalmente vierte la salsa casera, los rábanos frescos y las cebolletas sobre el plato y estará listo para disfrutar.

PASTA DE CALABAZA DE COLORES CON ENSALADA DE RÚCULA

Valores nutricionales: 667 kcal, 90 g de hidratos de carbono, 23 g de grasas, 25 g de proteínas.

Ingredientes para 4 raciones:

400 g de calabaza *(Hokkaido)*.
1 cebolla roja.
2 dientes de ajo.
½ guindilla roja o chile rojo.
250 g de fideos de harina de garbanzos.
Sal al gusto.
2 cucharadas de aceite de oliva.
Pimienta al gusto.
4 tallos de tomillo fresco.
40 g de cohete o rúcula.
2 cucharadas de semillas de calabaza.

Preparación:

1. En primer lugar, lava la calabaza y córtala en trozos pequeños. Luego, pela la cebolla y córtala en tiras finas.

2.Después pela los ajos y pícalos finamente. Divide el chile rojo en aros pequeños.

3. Pon la pasta en agua hirviendo con sal hasta que esté firme al morderla. Seguidamente, escurre la pasta terminada y guarda el agua de la cocción.

4. Ahora calienta un poco de aceite de oliva en una sartén y saltea la calabaza brevemente durante unos 5 minutos.

5. A continuación, añade la cebolla, el ajo y el chile rojo. Después de unos 5 minutos, incorpora el tomillo a la mezcla y sazona todo con sal y pimienta.

6. Añade ahora unos 200 ml del agua de cocción de la pasta y cuece a fuego lento hasta que la calabaza esté blanda.

7.Luego lava la rúcula fresca y divídela en trozos más pequeños.

8. Dispón la pasta cocida en los platos y añade la rúcula brevemente a la sartén. Mezcla todo y luego extiende el plato de calabaza sobre la pasta. Adorna el plato terminado con sabrosas semillas de calabaza.

DELICIOSO PURÉ DE ZANAHORIA CON PATATAS Y MANGO

Valores nutricionales: 214 kcal, 25 g de hidratos de carbono, 11 g de grasas, 3 g de proteínas.

Ingredientes para 1 ración:

100 g de zanahorias.
50 g de patatas.
10 g de copos de avena.
3 ½ cucharadas de pulpa de mango.
1 cucharada de aceite de colza.

Preparación:

1. Lava y pela las zanahorias y las patatas y córtalas en trozos pequeños.

2. Luego, pon las zanahorias con las patatas en una olla. Seguidamente, añade un poco de agua y cocina hasta que estén blandas.

3. A continuación, pon las patatas, la zanahoria, los copos de avena y la pulpa de mango en una procesadora. Añade un poco de aceite de colza y tritura todo hasta conseguir una pasta más espesa. Si es necesario, también puedes añadir un poco de agua.

COLORIDAS BROCHETAS DE VERDURAS PARA LA BARBACOA

Valores nutricionales: 154 kcal, 12 g de hidratos de carbono, 9 g de grasas, 7 g de proteínas.

Ingredientes para 4 raciones:

2 pimientos amarillos.
2 pimientos rojos.
6 cebollas blancas pequeñas.
2 calabacines.
8 champiñones.
3 cucharadas de aceite de oliva.
Sal y pimienta al gusto.
2 cucharaditas de hierbas secas de Provenza.
4 ramitas de romero fresco.

Preparación:

1. En primer lugar, lava bien los pimientos. Luego pártelos por la mitad y quítales las semillas pequeñas. Luego córtalos en cubos pequeños.

2. A continuación, pela las cebollas y córtalas por la mitad. Luego, lava los calabacines y córtalos en rodajas de aproximadamente 1 cm de grosor. Después, limpia los champiñones y córtalos en cuartos.

3. Ahora pon las verduras y los champiñones en las brochetas uno por uno. Seguidamente, unta todo con un poco de aceite de oliva y espolvoréalas con sal, las hierbas y un poco de pimienta.

4. A continuación, lava el romero y sacúdelo para secarlo. Colócalo junto con las brochetas en la parrilla caliente y ásalo durante unos 8 minutos hasta que esté ligeramente dorado.

BERENJENA RELLENA DE GRANOS DE GRANADA

Valores nutricionales: 146 kcal, 15 g de hidratos de carbono, 8 g de grasas, 2 g de proteínas.

Ingredientes para 4 raciones:

600 g de berenjenas.
Sal al gusto.
1 granada.
10 g de perejil fresco (½ manojo).
1 diente de ajo.
3 cucharadas de aceite de oliva.
Sal marina gruesa al gusto.
1 cucharada de vinagre balsámico.

Preparación:

1. Lava las berenjenas y córtalas por la mitad a lo largo. Seguidamente, espolvorea con un poco de sal y deja marinar durante al menos 10 minutos.

2. Mientras tanto, corta la granada por la mitad y retira las semillas de la fruta.

3. Ahora lava el perejil, deshójalo y pícalo finamente.

4. A continuación, pela el ajo, pícalo muy finamente y mézclalo con 2 cucharadas de aceite.

5. Seca las berenjenas con un paño y rocíalas con la mitad de la mezcla de ajo y aceite.

6. Forra una bandeja de horno con papel de hornear y precalienta el horno a 200 °C (superior /inferior). Seguidamente introduce las berenjenas en el horno durante unos 15 a 20 minutos hasta que estén bien blandas.

7. Después de hornearlas, pincela las berenjenas terminadas con el aceite de ajo restante.

8. Espolvorea las berenjenas con los granos de granada, un poco de sal y el perejil fresco para servir.

9. Al final, rocía la berenjena con un poco de vinagre balsámico. Disfruta de tu comida.

DELICIOSAS TOSTADAS DE BONIATO CON AGUACATE

Valores nutricionales: 382 kcal, 44 g de hidratos de carbono, 15 g de grasas, 15 g de proteínas.

Ingredientes para 4 raciones:

600 g de boniatos (batatas).
1 cucharadita de aceite de oliva.
200 g de tomates *cherry*.
1 cebolleta.
1 aguacate.
30 g de brotes de alfalfa.
Sal y pimienta al gusto.
200 g de crema de queso vegetal.
Pimienta de cayena al gusto.
15 g de semillas de lino (2 cucharaditas).
10 g de semillas de calabaza (2 cucharaditas).
2 cucharadas de zumo de lima.
1 cucharadita de aceite de semillas de calabaza.

Preparación:

1. En primer lugar, pela los boniatos y córtalos a lo largo en rodajas de unos 7 mm de grosor. Colócalos en una bandeja de horno forrada con papel para hornear y pincélalos con un poco de aceite.

2. Precalienta el horno a 200 °C (superior/inferior) y hornea las rebanadas durante unos 20 minutos.

3. Mientras tanto, lava los tomates y córtalos por la mitad.

4. Ahora limpia la cebolleta y divídela en aros finos.

5. Luego corta el aguacate por la mitad, retira el hueso y saca la pulpa con una cuchara. Seguidamente, corta la pulpa en rodajas finas.

6. Lava los brotes de alfalfa y sécalos.

7.Después saca las rodajas de boniato del horno y úntalas con un poco de sal y pimienta. Luego unta las rebanadas de boniato con el queso crema.

8. A continuación, coloca las rodajas de aguacate y los tomates *cherry* por encima y sazona todo con sal, pimienta y un poco de pimienta de cayena.

9. Esparce por encima los brotes de alfalfa, las semillas de lino, las semillas de calabaza y las cebolletas.

10. Finalmente, rocía las tostadas con zumo de lima y aceite de semillas de calabaza y sirve.

NUTRITIVAS VERDURAS DE CALABAZA CON SETAS Y PIMIENTO VERDE

Valores nutricionales: 123 kcal, 12 g de hidratos de carbono, 6 g de grasas, 6 g de proteínas.

Ingredientes para 4 raciones:

1 kg de pulpa de calabaza.
2 cucharadas de aceite de colza.
Sal al gusto.
200 g de setas *porcini*.
1 diente de ajo.
Perejil picado para decorar.
Pimiento verde fresco.

Preparación:

1. Primero corta la pulpa de la calabaza en trozos del tamaño de un bocado. Seguidamente, calienta un poco de aceite en una sartén y se fríe la calabaza durante unos 5 minutos hasta que esté ligeramente dorada.

2. Luego échale sal a la calabaza y añade un poco de agua. Pon una tapa en la sartén y vuelve a cocer al vapor durante 5 minutos. Después retira la tapa de la cacerola y deja que el agua se evapore por completo.

3. Ahora limpia las setas *porcini* y córtalas en trozos pequeños. A continuación, se pelan los ajos y se cortan en rodajas finas. Añade el ajo a la calabaza junto con las setas.

4. Ahora fríe todo durante unos 5 minutos y sazona con sal. A continuación, vierte en cuencos y adorna con perejil fresco picado y un poco de pimienta verde y sirve.

COLORIDA QUINOA CON ZANAHORIAS Y ESPINACAS

Valores nutricionales: 370 kcal, 54 g de hidratos de carbono, 9 g de grasas, 13 g de proteínas.

Ingredientes para 2 raciones:

250 g de quinoa.
½ litro de caldo de verduras.
4 zanahorias pequeñas.
1 cebolla pequeña.
250 g de espinacas frescas.
2 cucharadas de aceite de girasol.
Pimienta negra recién molida.
Cúrcuma al gusto.
½ cubo de caldo de verduras.
1 cucharada de sal de sésamo.
2 tallos de perejil de hoja plana.

Preparación:

1. Primero se hierve la quinoa en el caldo de verduras durante unos 10 minutos. Luego se retira del fuego y se deja en remojo de 10 a 15 minutos.

2. Lava el perejil y pícalo en trozos pequeños. Añádelo a la quinoa al final.

3. Lava bien las zanahorias y córtalas en bastoncitos. Ahora pela y corta la cebolla en dados finos. Después lava y limpia las espinacas.

4. Calienta un poco de aceite en una sartén y fríe brevemente las cebollas. A continuación, añade las zanahorias y el caldo de verduras. Seguidamente, añade las hojas de espinacas a la sartén y saltéalas brevemente. Finalmente, añade la quinoa y tu comida o cena estará lista.

PATATAS CON CREMA ALCALINA DE AGUACATE

Valores nutricionales: 309 kcal, 21 g de hidratos de carbono, 21 g de grasas, 6 g de proteínas.

Ingredientes para 2 raciones:

6 patatas.
2 aguacates.
1 limón.
1 pizca de pimienta.
1 pizca de sal de hierbas.

Preparación:

1. Lava las patatas y hiérvelas en agua con sal hasta que estén blandas. Ahora corta las patatas, cada una por la mitad.

2. Mientras tanto, pela los aguacates y quítales el hueso. Seguidamente, aplasta ambos con la ayuda de un tenedor en un bol y mezcla con las especias y el zumo de limón.

3. Coloca las patatas cortadas en dos platos. Ahora unta las patatas con la crema de aguacate. Adorna el plato terminado con perejil fresco picado si lo deseas.

HAMBURGUESAS DE AVENA CON ZANAHORIA Y PIMIENTO

Valores nutricionales: 149 kcal, 23 g de hidratos de carbono, 4 g de grasas, 4 g de proteínas.

Ingredientes para 8 raciones:

150 g de copos de avena.
100 g de zanahorias.
½ pimentón.
1 cebolla roja.
100 ml de agua.
1 cucharadita de pimentón en polvo.
½ cucharadita de sal.
½ cucharadita de copos de chile.
½ cucharadita de ajo en polvo.

Preparación:

1. Primero pela la zanahoria y luego rállala finamente. Después, pela la cebolla y córtala en trozos pequeños junto con el pimiento.

2. Pon las verduras en un bol grande y añade los copos de avena. Luego añade las especias y mezcla todo bien.

3. Luego se añade el agua y se remueve todo. Ahora deja cocinar durante al menos 10 a 15 minutos.

4. A continuación, humedece las manos y da forma a la mezcla en unos 8 buñuelos.

5. Calienta un poco de aceite en una sartén y fríe las hamburguesas por ambos lados hasta que estén bien crujientes.

GOULASH SIN CARNE CON PATATAS Y PIMENTÓN

Valores nutricionales: 289 kcal, 48 g de hidratos de carbono, 6 g de grasas, 7 g de proteínas.

Ingredientes para 4 raciones:

1 kg de patatas cerosas.
600 g de pimientos de colores.
500 g de tomates.
200 g de cebollas.
2 dientes de ajo.
2 cucharadas de aceite.
50 g de pasta de tomate.
750 ml de caldo de verduras.
1 hoja de laurel.
1 cucharadita de chile en polvo.
½ manojo de orégano y tomillo.
Sal al gusto.
Pimienta negra al gusto.
1 cucharada de harina de maíz.

Preparación:

1. Primero pela y lava las patatas. Luego, córtalas en trozos pequeños.

2. Ahora lava los pimientos y córtalos también en trozos pequeños.

3. Quítale la piel a los tomates y córtalos en cuartos y después córtalos en cubos.

4. Retira la piel de la cebolla y córtala en rodajas finas. Pela y pica finamente el ajo.

5. Calienta un poco de aceite en una sartén y fríe brevemente la cebolla y el ajo.

6. Ahora añade los tomates y la pasta de tomate y desglasa todo con el caldo de verduras.

7. A continuación, añade la hoja de laurel, el chile en polvo, el orégano y el tomillo. Seguidamente, añade las patatas y los pimientos y cocina a fuego lento durante unos 25 minutos. Condimenta el plato con sal y pimienta.

8. Por último, mezcla la harina de maíz con un poco de agua e incorpórala. ponlo todo nuevamente a hervir y ¡el goulash vegetariano estará listo!

GUISO DE NABOS CON BERROS FRESCOS

Valores nutricionales: 228 kcal, 236 g de hidratos de carbono, 9 g de grasas, 12 g de proteínas.

Ingredientes para 4 raciones:

1 cebolla.
1 colinabo pequeño (aprox. 500 g).
400 g de patatas cerosas.
1 cucharada de mantequilla.
1 puerro grueso.
1 manojo de perejil de hoja plana.
100 g de nata vegetal al gusto.
Sal al gusto.
Pimienta negra al gusto.
1 cucharadita de mostaza.
1 cucharadita de salsa de soja.

Preparación:

1. En primer lugar, pela la cebolla y córtala en dados finos. Luego pela los colinabos y las patatas y córtalos en dados pequeños de unos 2 cm, seguidamente derrite un poco de mantequilla en una olla y rehoga la cebolla hasta que esté transparente. Después mezcla los otros cubos y saltea durante unos 2 minutos.

2. Vierte 1 litro de agua, tapa y cocina durante 20 minutos. Ahora lava los puerros y córtalos en tiras finas. Añade las tiras a la olla y cocina durante 10 minutos más. Después lava bien el perejil y pícalo muy fino.

3. Cuando todas las verduras estén blandas, refina el guiso con nata, mostaza, salsa de soja y las especias. Sirve el guiso en los platos y espolvorea con el perejil fresco picado.

DELICIOSO PURÉ DE COLIFLOR CON GUISANTES

Valores nutricionales: 212 kcal, 33 g de hidratos de carbono, 1 g de grasas, 20 g de proteínas.

Ingredientes para 1 ración:

350 g de coliflor.
450 g de guisantes.
10 g de margarina *Alsan*.
½ cucharadita de sal.
100 ml de caldo de verduras o bebida de soja.
1 pizca de nuez moscada.

Preparación:

1. Corta la coliflor en ramilletes finos y déjala reposar durante media hora.

2.Pon a hervir abundante agua con sal en una cacerola y cuece la coliflor hasta que esté tierna.

3. Cocina los guisantes durante 3 a 5 minutos.

4. Cuando todo esté cocido y blando, pon los guisantes, la coliflor y el resto de los ingredientes en una licuadora y licúa hasta hacer un puré.

DELICIOSOS FIDEOS DE CALABACÍN CON BOLOÑESA DE ALTRAMUCES

Valores nutricionales: 647 kcal, 89 g de hidratos de carbono, 12 g de grasas, 30 g de proteínas.

Ingredientes para 1 ración:

300 g de calabacines.
100 g de zanahorias.
50 g de apio.
40 g de cebollas.
1 diente de ajo.
5 g de aceite.
50 g de harina de altramuces dulces o lentejas.
45 g de harina de espelta verde.
10 g de pasta de tomate.
150 - 180 ml de caldo de verduras.
400 g de tomates picados.
1 pizca de sal y pimienta.
1 cucharadita de orégano.
1 cucharadita de tomillo.
Perejil o cilantro fresco para decorar.

Preparación:

1. Primero lava y pela las zanahorias, el apio, la cebolla y el ajo y córtalos en trozos pequeños.

2. Luego calienta el aceite en una olla y añade las verduras trozo a trozo y saltea enérgicamente.

3. A continuación, mezcla bien la harina de altramuz y la harina de espelta verde con agua y añádela a las verduras.

4. Ahora añade la pasta de tomate, los tomates picados, el orégano, el tomillo y el caldo de verduras.

5. Sazona todo con sal y pimienta y cocina a fuego lento durante unos 40 minutos. Remueve de vez en cuando si es necesario.

6. Ahora limpia los calabacines y córtalos en espaguetis finos con una cortadora de espiral.

7. Sirve la pasta en un plato y vierte la salsa por encima. Por último, adorna con hierbas frescas.

DELICIOSA PASTA AL HORNO

Valores nutricionales: 548 kcal, 65 g de hidratos de carbono, 20 g de grasas, 27 g de proteínas.

Ingredientes para 2 raciones:

300 g de fideos.
250 g de tofu de su elección.
40 g de cebollas.
10 g de aceite de oliva.
150 g de brócoli.
150 g de champiñones.
300 ml de tomates colados.
1 pizca de sal y pimienta.
Nuez moscada al gusto.

Para la salsa:

150 g de coliflor.
20 g de anacardos.
140 ml de leche de soja.
10 g de copos de levadura.
5 g de zumo de limón.
3 g de caldo de verduras (en polvo).

Preparación:

1. Hierve suficiente agua con sal en una olla y añade la pasta.

2. Ahora pica el tofu y pica las cebollas. Luego limpia las zanahorias y córtalas en rodajas finas.

3. Lava el brócoli córtalo en trozos pequeños y hiérvelo en agua con sal hasta que esté firme al morder.

4. Ahora calienta el aceite de oliva en una sartén y saltea el tofu, la cebolla y los champiñones.

5. Condimenta con sal, pimienta y nuez moscada. Luego desglasa con los tomates colados.

6. A continuación, mezcla los fideos con la mezcla de tofu y champiñones y extiende el brócoli por encima. Ahora vierte toda la mezcla en una cazuela grande.

7. Mientras tanto, precalienta el horno a 180 °C (superior/inferior).

8. Ahora para la salsa de queso: remoja los anacardos en agua caliente y lava la coliflor. Luego corta la coliflor en ramilletes pequeños y cocínala hasta que esté hecha.

9. Ahora haz un puré con los anacardos y todos los demás ingredientes en una batidora hasta conseguir una salsa. Vierte la salsa sobre la cazuela y hornea durante 5 a 10 minutos.

PIZZA DE SEITÁN RICA EN NUTRIENTES HECHA CON GARBANZOS

Valores nutricionales: 241 kcal, 25 g de hidratos de carbono, 9 g de grasas, 15 g de proteínas.

Ingredientes para 2 raciones:

Para la masa:

150 g de harina de garbanzos.
1 pizca de sal.
1 cucharada de hierbas italianas.
180 ml de agua.
6 g de aceite.

Para la salsa de tomate:

15 g de pasta de tomate.
1 cucharada de hierbas italianas.
1 diente de ajo.
80 ml de agua.
1 pizca de sal.

Cobertura de seitán:

100 g de seitán.
3 g de aceite vegetal.
5 g de mostaza.
1 pizca de sal.

Cobertura vegetal:

140 g de calabacines.
100 g de tomates.
40 g de cebollas.

Salsa de queso vegana:

30 g de anacardos.
4 g de copos de levadura.
5 g de mostaza.
1 pizca de sal.
½ cucharadita de pimentón ahumado.

Preparación:

1. Primero calienta el aceite en una sartén. Mientras tanto, prepara la masa para la *pizza* y pon la mitad en la sartén.

2. Luego hornea durante unos minutos por ambos lados. Después hornea la segunda masa.

3. Extiende una hoja de papel de horno y coloca las bases sobre ella.

4. Prepara la salsa de tomate mezclando todo.

5. Para preparar la salsa de queso: remoja los anacardos en agua. Enjuágalos después de unas horas y ponlos en una licuadora con los demás ingredientes hasta obtener una crema espesa.

3. Para la cobertura: pica el seitán y mézclalo con el aceite, la mostaza y la sal.

4. Para preparar la cobertura de verduras: lava las verduras y córtalas en trozos pequeños.

5. Ahora unta las bases con la salsa de tomate y luego reparte las verduras y el seitán frito por encima.

6. Por último, vierte la salsa de queso por encima. Después, introduce las *pizzas* en el horno durante unos 5 minutos a 190 °C (superior/inferior) y finalmente las deliciosas *pizzas* estarán listas

APIO ALCALINO CON HIERBAS FRESCAS

Valores nutricionales: 227 kcal, 26 g de hidratos de carbono, 9 g de grasas, 9 g de proteínas.

Ingredientes para 4 raciones:

Para las verduras del apio:
500 g de apio.
200 g de tomates maduros.
200 g de calabacines.
100 g de cebollas rojas.
2 dientes de ajo.

Otros ingredientes y especias:
250 ml de caldo de verduras.
2 cucharadas de aceite de oliva.
2 cucharadas de pasta de tomate.
1 cucharadita de pimentón dulce en polvo.
1 pizca de pimienta de cayena.
1 cucharada de romero finamente picado.
1 cucharadita de tomillo finamente picado.
Cristales de sal al gusto.
Pimienta negra del molino al gusto.

Preparación:

1. Primero calienta el aceite en una sartén.

2. Pela la cebolla y pícala en dados pequeños. Luego añádelas a la sartén junto con las hierbas frescas picadas y saltéalas.

3. Ahora tira de los hilos del apio y córtalo en trozos del tamaño de un bocado y, añade el apio a la sartén.

4. Después corta los calabacines en cuartos y luego en triángulos pequeños. Seguidamente, añade también a la sartén y rehoga.

5. Añade el puré de tomate y rehoga otros 3 minutos.

6. A continuación, ralla el ajo y corta los tomates en dados. Añade ambos a la sartén.

7. Desglasa con el caldo de verduras y cocina a fuego lento durante unos 10 minutos. También puedes añadir un poco más de caldo al gusto.

8.A continuación, se condimenta el plato con pimentón, cayena, sal y un poco de pimienta.

COLORIDOS ESPAGUETIS DE ZANAHORIA CON BRÓCOLI Y ESPINACAS

Valores nutricionales: 115 kcal, 9 g de hidratos de carbono, 8 g de grasas, 5 g de proteínas.

Ingredientes para 2 raciones:

2 zanahorias grandes.
1 puerro.
1 puñado de espinacas frescas.
1 brócoli pequeño.
3 cucharadas de aceite de sésamo.
1 cucharada de sal de sésamo.
½ cucharadita de mango en polvo.
Cúrcuma.
Comino molido.
Galangal o jengibre.
Pimienta negra recién molida.
Alholva molida.
Cilantro molido.
1 puñado de perejil fresco.

Preparación:

1. Limpia bien las zanahorias y corta los extremos. A continuación, prepara las zanahorias poco a poco con un rallador en espiral para verduras.

2. Ahora lava bien los puerros y quita las raíces. Luego corta los puerros a lo largo en cuartos de unos 7 cm de largo.

3. A continuación, lava las espinacas, límpialas y córtalas en trozos pequeños.

4.Lava el brócoli y córtalo en ramilletes pequeños. Luego, corta los ramilletes una vez más.

5. Después calienta un poco de aceite de sésamo en una sartén y saltea los puerros junto con las especias.

6. A continuación, añade el brócoli, las zanahorias y las espinacas. Seguidamente saltea todo durante unos minutos.

7. Lava el perejil y pícalo en trozos pequeños.

8. Finalmente, dispón las verduras en los platos y decora con el perejil fresco.

BERENJENA RELLENA CON ALMENDRAS FILETEADAS

Valores nutricionales: 268 kcal, 12 g de hidratos de carbono, 21 g de grasas, 8 g de proteínas.

Ingredientes para 1 ración:

1 berenjena.
1 pimiento.
1 cebolla.
1 patata.
1 puerro.
6 champiñones.
150 g de aceite de oliva.
10 g de almendras fileteadas.
Sal al gusto.
Pimienta negra al gusto.

Preparación:

1. Primero corta la berenjena por la mitad. Luego, retira la pulpa y espolvorea con un poco de sal. Deja en remojo con sal durante unos 10 minutos. Mientras tanto, hierve agua en una olla y cocina la berenjena durante 5 minutos.

2. Mientras se cocina la berenjena, puedes cortar el resto de los vegetales en dados pequeños.

3. Coloca también la patata en una olla y cocina hasta que esté hecha.

4. Ahora coloca todas las verduras picadas y la patata en una sartén con un poco de aceite de oliva. Saltea todo y espolvorea con las especias.

5. Las berenjenas se pueden rellenar ahora con las verduras asadas.

6. Mientras tanto, precalienta el horno a 160°C (superior/inferior). Forra una bandeja de horno con papel de hornear y coloca las berenjenas rellenas.

7. Ahora métalas en el horno durante 15 minutos.

8. Mientras tanto, calienta una sartén sin grasa y tuesta las almendras fileteadas. Espárcelas sobre las berenjenas rellenas en el momento de servir.

DELICIOSO TALER DE PATATAS CON VERDURAS

Valores nutricionales: 97 kcal, 11 g de hidratos de carbono, 4 g de grasas, 3 g de proteínas.

Ingredientes para 12 raciones:
250 g de verduras congeladas por ejemplo, verduras Kaiser.
150 g de patatas peladas.
100 g de pan blanco.
1 huevo grande.
100 g de queso rallado.
10 g de perejil.
Nuez moscada al gusto.
Pimienta negra al gusto.

Preparación:

1. Pela las patatas y córtalas en dados pequeños.

2. A continuación, deja que las verduras se descongelen y córtalas en trozos pequeños.

3. Ahora pon agua a hervir en una olla y añade las patatas peladas durante unos 2 minutos. Reduce la temperatura un poco para que el agua ya no hierva.

4. Ahora añade las verduras, también durante 2 minutos. Luego retira el agua y pon las patatas y las verduras en una licuadora de mano hasta obtener un puré.

5. Corta el pan en cubos pequeños y pica finamente el perejil. Pon ambos en un bol más grande con el huevo y el queso.

6. Ahora mezcla todo y forma 10 a 12 taler de la mezcla, dependiendo del tamaño que deseas.

7. A continuación, forra una bandeja de horno con papel de hornear y extiende los taler en ella.

8. Precalienta el horno de convección a 180°C (superior/inferior) y hornea las tartaletas durante unos 20 minutos hasta que estén ligeramente doradas.

CURRY DE VERDURAS CON CILANTRO FRESCO

Valores nutricionales: 283 kcal, 32 g de hidratos de carbono, 13 g de grasas, 7 g de proteínas.

Ingredientes para 4 raciones:

700 g de calabaza de *Hokkaido*.
400 g de patatas cerosas.
200 g de zanahorias.
200 g de cebollas.
2 dientes de ajo.
30 g de jengibre.
2 chiles rojos pequeños.
2 cucharadas de aceite de sésamo tostado.
Sal al gusto.
½ cucharadita de cúrcuma molida.
500 ml de caldo de verduras.
250 ml de leche de coco.
30 g de cilantro fresco.
Un chorrito de zumo de lima fresco.

Preparación:

1. En primer lugar, lava y limpia la calabaza y luego córtala en cubos pequeños. Luego, pela las patatas y las zanahorias y córtalas también en dados pequeños.

2. Ahora pela las cebollas, el jengibre y el ajo y córtalos en trozos pequeños. Después, lava los chiles rojos y pícalos finamente.

3. Calienta un poco de aceite en una olla y suda la cebolla y el ajo brevemente.

4. A continuación, añade las patatas, la calabaza y las zanahorias. Ahora fríe todo brevemente, pero no te olvides de remover.

5. Espolvorea con sal y cúrcuma y vuelve a remover. A continuación, desglasa el plato con el caldo de verduras. Ahora, cocina a fuego lento durante unos 10 minutos.

6. Seguidamente, añade la leche de coco y cocina a fuego lento durante otros 10 minutos.

7. Mientras tanto pica finamente el cilantro fresco.

8. Añade el zumo de lima fresco y el jengibre al curry y vuelve a sazonar con sal.

9. Sirve el curry terminado en cuatro cuencos y adórnalo con el cilantro fresco y el chile rojo picado.

CURRY PICANTE DE VERDURAS CON PATATAS AL HORNO

Valores nutricionales: 617 kcal, 61 g de hidratos de carbono, 34 g de grasas, 16 g de proteínas.

Ingredientes para 4 raciones:

800 g de patatas cerosas.
4 cucharadas de aceite de oliva.
Sal al gusto.
2 ramitas de romero fresco.
1 kg de raíz de perejil.
500 g de zanahorias.
2 puerros.
2 dientes de ajo.
20 g de jengibre.
1 guindilla roja o chile rojo.
2 cucharadas de pasta de curry amarilla o curry en polvo.
500 ml de caldo de verduras.
400 ml de leche de coco.
1 cucharada de zumo de limón.
5 g de cilantro fresco (½ manojo).

Preparación:

1. En primer lugar, lava las patatas y sécalas, seguidamente, córtalas en cuñas y ponlas en un bol con 2 cucharadas de aceite. Luego añade un poco de sal y mezcla bien. Después forra una bandeja de horno con papel de hornear y extiende las patatas en ella.

2. Ahora introduce las patatas en el horno precalentado a 200 °C (superior/inferior) durante 15 minutos.

3. Durante este tiempo, corta el romero y arranca las hojas. Después de los 15 minutos saca las patatas y esparce el romero sobre ellas y vuelve a hornear durante otros 10 minutos.

4. Ahora pela la raíz de perejil y las zanahorias y corta ambas en trozos pequeños. Luego limpia y lava el puerro. Después pártelo por la mitad y córtalo en aros finos.

5. Seguidamente, pela el ajo y el jengibre, lava el chile rojo y luego pícalos finamente.

6. Calienta un poco de aceite en una sartén y saltea brevemente el ajo, el jengibre y el chile rojo.

7. Añade el resto de las verduras y saltéalas durante unos 3 minutos.

8. Ahora añade el curry, la leche de coco, el caldo y espolvorea con sal. Deja que el curry se cocine a fuego lento durante unos 15 minutos hasta que las verduras estén blandas.

9. Después de 15 minutos, condimenta el curry con zumo de limón fresco y sal.

10. Ahora lava y pica finamente el cilantro. Sirve el curry terminado entre cuatro platos, seguidamente, adorna con el cilantro fresco y acompáñalo con las deliciosas patatas al romero.

Pastas para untar, cremas y salsas alcalinas

DELICIOSA SALSA DE BONIATO

Valores nutricionales: 134 kcal, 14 g de hidratos de carbono, 7 g de grasas, 4 g de proteínas.

Ingredientes para 4 raciones:

4 batatas (boniatos).
1 taza de crema agria.
1 taza de queso crema con hierbas.
1 puerro.
1 pizca de pimienta.
1 pizca de sal.

Preparación:

1. En primer lugar, hierve suficiente agua con sal en una olla y pon las patatas. Luego que estén cocidas, pélalas y hazlas puré.

2. Lava y limpia los puerros y córtalos en trozos pequeños.

3. Ahora mezcla las patatas y los puerros en un bol.

4. A continuación, añade la crema agria y el queso crema y sazona la salsa con sal y pimienta.

DELICIOSA PASTA DE ZANAHORIA Y RÁBANO PICANTE

Valores nutricionales: 203 kcal, 10 g de hidratos de carbono, 17 g de grasas, 2 g de proteínas.

Ingredientes para 1 ración:

300 g de tofu natural.
180 g de zanahorias.
160 g de mayonesa vegana.
70 g de rábano picante.
3 cucharadas de hierbas frescas picadas.
1 cucharada de zumo de limón recién exprimido.
½ cucharadita de goma de *garrofín*.
1 pizca de sal.
1 pizca de pimienta.

Preparación:

1. Corta el tofu en dados y ponlo en la batidora.

2. Ahora añade la mayonesa, el zumo de limón y la harina. A continuación, bate los ingredientes hasta que obtengas lo más parecido a un puré.

3. Pela la zanahoria y el rábano picante y ralla ambos finamente. Luego pica las hierbas muy finamente y mezcla todo en la batidora.

4. Añade un poco de sal y pimienta al gusto y ¡la pasta para untar estará lista!

CREMA DE JUDÍAS ALCALINAS

Valores nutricionales: 232 kcal, 16 g de hidratos de carbono, 14 g de grasas, 6 g de proteínas.

Ingredientes para 4 raciones:

2 latas de alubias rojas.
1 cebolla.
2 dientes de ajo.
1 cucharada de aceite de oliva.
1 cucharada de sopa de verduras.
½ cucharadita de sal de hierbas.
Una pizca de pimienta negra del molino.

Preparación:

1. En primer lugar, pela los ajos y las cebollas. Luego pícalos finamente.

2. Calienta una sartén con un poco de aceite y fríe ambos brevemente. Ahora escurre las alubias rojas y tritura todos los ingredientes con una batidora de mano hasta conseguir una crema fina.

CREMA PICANTE DE NUECES CON PIMENTÓN

Valores nutricionales: 298 kcal, 13 g de hidratos de carbono, 25 g de grasas, 6 g de proteínas.

Ingredientes para 4 raciones:

4 pimientos rojos.
80 g de nueces.
2 dientes de ajo.
1 chile rojo o guindilla.
4 cucharadas de aceite.
1 cucharada de miel.
1 chorro de zumo de limón.
Sal al gusto.

Preparación:

1. Precalienta el horno a 230 °C (superior/inferior). Luego lava los pimientos y córtalos por la mitad. Después retira las semillas y coloca los pimientos en una bandeja de horno con la parte cortada hacia abajo.

2. Ahora hornea los pimientos hasta que la piel se vuelva negra y aparezcan pequeñas ampollas.

3. A continuación, pon los pimientos, las nueces, el ajo pelado y el chile rojo picado en una procesadora potente. Ahora haz un puré fino con ellos.

4. Añade, lentamente, un poco de aceite hasta conseguir la consistencia adecuada.

5. Condimenta la mezcla con miel, zumo de limón fresco y un poco de sal. Finalmente ¡la deliciosa crema estará lista!

PASTA PARA UNTAR CON HIERBAS SALUDABLES

Valores nutricionales: 199 kcal, 6 g de hidratos de carbono, 17 g de grasas, 6 g de proteínas.

Ingredientes para 2 raciones:

250 g de brócoli.
Sal al gusto.
1 chalote.
3 cucharadas de aceite de oliva.
100 g de anacardos.
30 g de perejil de hoja plana.
20 g de eneldo.
1 cama de berros de jardín.
½ manojo de cebollino fresco.
Pimienta al gusto.

Preparación:

1. En primer lugar, divide el brócoli en ramilletes pequeños y corta el tallo en cubos pequeños. Hierve agua con sal y cocina el brócoli durante unos 3 minutos. Luego escurre, enjuaga con agua fría y deja escurriendo.

2. Corta la chalota en dados pequeños. Después calienta 1 cucharada de aceite en una sartén y fríe los cubos. Seguidamente, añade las nueces y fríe brevemente. A continuación, deja que ambos se enfríen.

3. Pica las hierbas finamente. Ahora pon el aceite restante, las chalotas, el brócoli, las nueces, el perejil y el eneldo en una procesadora y haz un puré muy fino. A continuación, incorpora el berro y el cebollino.

4. Sazona la pasta para untar con sal y pimienta y guárdala en el refrigerador. Así se conservará durante unas dos semanas.

DELICIOSA CREMA DE TOMATE

Valores nutricionales: 139 kcal, 8 g de hidratos de carbono, 10 g de grasas, 5 g de proteínas.

Ingredientes para 6 raciones:

100 g de tomates secos en aceite.
100 g de semillas de girasol.
3 cucharadas de aceite de oliva.
Un puñado de albahaca.
Un poco de miel.
Sal y pimienta al gusto.

Preparación:

1. Primero escurre los tomates en un colador y luego pícalos en trozos grandes.

2. Pon los tomates en un envase alto y hazlos puré con la ayuda de una licuadora de mano, junto con las semillas de girasol, el aceite de oliva y unas 4 cucharadas de agua.

3. Ahora lava la albahaca y pica las hojas muy finamente y añádela a la pasta de tomate mezclándola muy bien.

4. Condimenta la pasta para untar con miel, sal y un poco de pimienta al gusto.

5. Guarda en frascos la pasta para untar, así se conservará durante unos cinco días.

PURÉ DE ALMENDRAS CASERO

Valores nutricionales: 88 kcal, 1 g de hidratos de carbono, 8 g de grasas, 4 g de proteínas.

Ingredientes para 20 raciones:

300 g de almendras.

Preparación:

1. En primer lugar, precalienta el horno a 180 °C (superior/inferior) y forra una bandeja de horno con papel para hornear. Seguidamente, reparte las almendras en la bandeja y tuéstalas durante unos 10 minutos aproximadamente.

2. Saca las almendras del horno y permite que se enfríen completamente.

3. Ahora, con la ayuda de un procesador de alimentos o de una licuadora tritura las almendras hasta obtener una consistencia homogénea de puré.

4. A continuación, conserva el puré de almendras casero así obtenido en un frasco bien tapado, preferiblemente, en la nevera.

EL CLÁSICO GUACAMOLE

Valores nutricionales: 95 kcal, 3 g de hidratos de carbono, 9 g de grasas, 1 g de proteínas.

Ingredientes para 6 raciones:

2 aguacates maduros.
1 cal o lima.
1 cebolla pequeña.
1 diente de ajo.
½ jalapeño.
6 tallos de cilantro fresco.
Sal al gusto.

Preparación:

1. Parte los aguacates por la mitad y quítales las semillas. A continuación, afloja la pulpa con la ayuda de una cuchara y ponla en un bol. Después tritura la pulpa con un tenedor.

2. Ahora corta la lima por la mitad, exprime el zumo y rocía 2 cucharadas sobre el aguacate.

2. Pela la cebolla y el ajo y pícalos muy finos. Después corta el jalapeño por la mitad, quita las semillas y haz el mismo procedimiento.

3. Seguidamente mezcla el ajo, el jalapeño, la cebolla, ¾ del cilantro, el aguacate y sazona con sal.

4. Finalmente, esparce el resto del cilantro fresco sobre el guacamole antes de servir.

DELICIOSA CREMA DE PATATAS

Valores nutricionales: 135 kcal, 13 g de hidratos de carbono, 8 g de grasas, 2 g de proteínas.

Ingredientes para 4 raciones:

300 g de patatas.
2 dientes de ajo.
1 cucharada de aceitunas negras.
½ manojo de perejil.
2 cucharadas de zumo de limón.
3 cucharadas de aceite de oliva.
Sal y pimienta al gusto.

Preparación:

1. En primer lugar, lava las patatas luego hiérvelas con la piel hasta que estén blandas. Después, deja que se enfríen un poco y quítales la piel. Seguidamente, tritúralas en un bol grande con un tenedor.

2. Ahora pela los ajos y pícalos finamente. A continuación, retira los huesos de las aceitunas y pícalas igual de finas. Ahora mezcla las aceitunas, el ajo, 8 cucharadas de agua, el zumo de limón y el aceite con el puré de patatas.

3. Finalmente, salpimienta y pon la crema en tarros. Esta puede funcionar perfectamente como salsa con verduras frescas.

CREMA AROMÁTICA DE ESPÁRRAGOS CON NUECES

Valores nutricionales: 130 kcal, 13 g de hidratos de carbono, 8 g de grasas, 3 g de proteínas.

Ingredientes para 4 raciones:

500 g de espárragos verdes.
Sal al gusto.
100 g de queso crema vegano.
100 g de crema fresca vegana.
1 cucharada de zumo de limón.
Pimienta fresca del molino al gusto.
2 cucharadas de cebollino fresco.
50 g de nueces picadas.

Preparación:

1. Pela el tercio inferior de cada espárrago, luego hiérvelo en agua con sal hasta que esté cocido. Después aclara con agua fría, dejando algunas puntas para la guarnición.

2. Ahora corta los palitos restantes en trozos pequeños y revuélvelos junto con el queso crema y la crema fresca hasta que estén suaves.

3. Sazona la crema con zumo de limón fresco, un poco de sal y pimienta y luego mezcla el cebollino picado y las nueces.

Finalmente, adorna la pasta con los trozos de espárragos restantes.

DELICIOSA PASTA DE DÁTILES Y ALMENDRAS

Valores nutricionales: 85 kcal, 10 g de hidratos de carbono, 5 g de grasas, 2 g de proteínas.

Ingredientes para 8 raciones:

100 g de dátiles secos.
40 g de pasta de almendras.
Un poco de canela.

Preparación:

1. Primero corta los dátiles en trozos pequeños y ponlos en una licuadora con la pasta de almendras y unas 4 cucharadas de agua.

2. Tritura los ingredientes hasta conseguir una pasta fina, añade un poco de canela al final y ¡la deliciosa pasta estará lista!

CREMA DE BERENJENA CON NUECES

Valores nutricionales: 165 kcal, 5 g de hidratos de carbono, 14 g de grasas, 4 g de proteínas.

Ingredientes para 4 raciones:

2 berenjenas.
2 dientes de ajo.
2 cucharadas de nueces.
50 g de nueces en grano.
1 ramita de eneldo.
Sal al gusto.
Pimienta al gusto.
Zumo de limón fresco.

Preparación:

1. En primer lugar, precalienta el horno a 200 °C (superior/inferior).

2. Luego lava las berenjenas y pincha varias veces la piel con un tenedor.

3. Después introduce las berenjenas en el horno y hornea durante unos 30 minutos hasta que la piel esté oscura.

4. A continuación, saca las berenjenas del horno y déjalas enfriar. Seguidamente, pártelas por la mitad y raspa la pulpa con una cuchara. Ahora pela y pica finamente el ajo y saltéalo junto con las berenjenas en aceite caliente y cocina todo brevemente. Al estar lista deja enfriar y pica finamente las nueces.

5. Deshoja el eneldo y agrega junto con las nueces a la crema. Finalmente, sazónala con sal, pimienta, zumo de limón y sírvela.

Postres alcalinos

CREMA DULCE DE AGUACATE Y COCO

Valores nutricionales: 203 kcal, 10 g de hidratos de carbono, 17 g de grasas, 2 g de proteínas.

Ingredientes para 4 raciones:

8 dátiles blandos sin hueso (el mejor es el *Medjool*).
½ taza de agua.
3 aguacates medianos sin hueso.
1 taza de leche de coco ecológica.
¼ de taza de jarabe de arce o de agave.
5 - 7 cucharaditas de polvo de coco.
2 cucharaditas de vainilla orgánica pura en polvo.
1 pizca de sal marina.

Preparación:

1. Primero pon los dátiles en una licuadora con el agua y deja en remojo durante 30 minutos.

2. Después de los 30 minutos, añade todos los demás ingredientes y licúa todo hasta obtener una consistencia cremosa.

3. También puedes añadir un poco más de leche de coco si es necesario.

4. Ahora puedes servir la crema como un pudín en pequeños cuencos. También puedes poner la crema en el congelador durante unas horas y comer como si fuera un helado.

REFRESCANTE TARTA DE SANDÍA

Valores nutricionales: 292 kcal, 10 g de hidratos de carbono, 20 g de grasas, 2 g de proteínas.

Ingredientes para 1 ración:

1 sandía.
2 tazas de nata (nata vegana si lo deseas).
¼ de taza de jarabe de arce ecológico.
Bayas frescas u otra fruta de temporada.
Copos de coco.

Preparación:

1. En primer lugar, corta una rebanada grande de la mitad de la sandía debe tener al menos 6 cm de altura para obtener una base de pastel.

2. Ahora coloca la rebanada en una tabla grande y retira la cáscara. Luego sírvela en un plato para tartas.

3. Pon la crema junto con el jarabe de arce en una licuadora hasta que esté bien firme.

4. A continuación, vierte la crema sobre la sandía y extiéndela. Después coloca el pastel de sandía en la nevera durante al menos 1 hora.

5. Esparce unas cuantas frutas frescas y los copos de coco sobre el pastel. Finalmente la tarta ligera para el verano estará lista.

DELICIOSA TARTA DE QUESO CON NARANJAS Y ARÁNDANOS

Valores nutricionales: 169 kcal, 18 g de hidratos de carbono, 8 g de grasas, 3 g de proteínas.

Ingredientes para 1 ración:

Ingredientes para la base:

2 tazas de almendras.

1 taza de dátiles sin hueso.

1 pizca de sal marina.

Para el relleno de naranja y queso:

3 tazas de anacardos.

¾ de taza de zumo de naranja recién exprimido.

Ralladura fina de una naranja.

½ taza de jarabe de arce o de arroz.

½ taza de aceite de coco.

El zumo de un limón.

1 pizca de sal marina.

Para la capa de arándanos:

2 tazas de arándanos.

¼ de taza del relleno de queso y naranja.

Preparación:

1. Pon las almendras en remojo toda la noche.

2. Agrega las almendras sin agua y los dátiles en un procesador de alimentos y haz un puré hasta obtener una masa maleable.

3. A continuación, vierte la mezcla en un molde para tartas y guarda en la nevera durante, aproximadamente, 1 hora.

4. Ahora empecemos con el relleno. Aquí también hay que poner en remojo los anacardos. Sino, pon todos los ingredientes en una procesadora y procésalos hasta obtener una crema fina.

5. Por último, incorpora con cuidado la ralladura de naranja con una cuchara.

6. A continuación, reserva ¼ de la crema para la capa. Unta el resto de la crema en el fondo del molde y, vuelve a guardar el molde con la crema en la nevera.

7. Ahora prepara la capa de arándanos. Mezcla las bayas con la crema y pon esta capa encima de la crema, luego vuelve a guardar la tarta en la nevera. Lo mejor es dejar el pastel en la nevera durante toda la noche y si quieres comértelo más rápido, sólo tienes que meterlo en el congelador durante unas horas.

TARTA DE MANZANA ALCALINA

Valores nutricionales: 255 kcal, 10 g de hidratos de carbono, 19 g de grasas, 8 g de proteínas.

Ingredientes para 1 ración:

Para el suelo:
180 g de almendras molidas sin cáscara.
60 g de pasas sultanas.
½ manzana pequeña.
6 cucharadas de nata.

Para la cobertura:
3 manzanas.
180 ml de nata.
El zumo de un limón (unas 2 cucharadas).
Almendras fileteadas (unas 5 cucharadas).

Preparación:

1. Primero para la base de la tarta, ralla las manzanas finamente y resérvalas por el momento.

2. A continuación, pon las almendras, la nata, las pasas sultanas y las manzanas en un bol grande y mézclalo todo.

3. Luego amasa la mezcla con las manos hasta que obtengas una bola pegajosa.

4.Luego engrasa un molde redondo y extiende la masa de manera que los bordes sobresalgan del recipiente. Presiona la masa con firmeza.

5. Ahora prepara la cobertura. Empieza partiendo las manzanas por la mitad y córtalas una a una. Seguidamente, distribuye las manzanas uniformemente sobre la masa en el molde.

6. En un bol pequeño, mezcla el zumo de limón y la nata y bate hasta que quede ligero y firme. Luego, vierte ambos sobre las manzanas y por último, espolvorea las almendras por encima.

7.Finalmente, precalienta el horno a 180 °C (superior/inferior) y mete el pastel en el horno sobre el estante del medio durante 50 minutos.

DELICIOSA TARTA DE FRESAS

Valores nutricionales: 188 kcal, 13 g de hidratos de carbono, 15 g de grasas, 6 g de proteínas.

Ingredientes para 8 raciones:

Para la tarta de fresas:

300 g de almendras peladas.

6 dátiles *medjool* sin hueso.

1 naranja exprimida.

½ cucharadita de vainilla en polvo.

Para la cobertura:

600 g de fresas.

60 g de crema de almendras.

4 dátiles *medjool* sin hueso.

1 cucharada de menta picada.

20 g de cáscaras de *psyllium*.

20 g de almendras fileteadas.

Preparación:

1. En primer lugar, pon las almendras a remojar en un poco de agua durante toda la noche.

2. Al día siguiente, escúrreles el agua. Luego para empezar a hacer la masa pon en un bol las almendras, los dátiles y el zumo de naranja. Seguidamente, añade la vainilla y mezcla todo con una licuadora de mano hasta obtener una mezcla fina.

3. Ahora coloca un aro para tarta sobre un molde y vierte la masa. Luego presiónala con una cuchara hasta que quede de unos 4 cm de altura y guarda el molde en la nevera.

4. Después prepara la cobertura. Lo primero que debes hacer es reservar algunas fresas para la guarnición. Luego pon las fresas restantes con la crema de almendras, los dátiles y la menta en una batidora y haz un puré fino.

5. A continuación, añade las cáscaras de *psyllium* y vuelve a batir brevemente, pues de lo contrario la mezcla quedará demasiado firme.

6. Ahora saca la masa de la nevera y extiende de manera uniforme la mezcla sobre la base de la tarta y vuelve a guardarla en la nevera durante unas 4 horas.

7. Una vez transcurridas las 4 horas, retira con cuidado el aro de la tarta y decórala con las almendras fileteadas. Finalmente, corta la tarta terminada en unos ocho trozos, sírvela y disfrútala.

CRUMBLE DE INVIERNO DE PERA Y MANZANA

Valores nutricionales: 172 kcal, 26 g de hidratos de carbono, 7 g de grasas, 2 g de proteínas.

Ingredientes para 2 raciones:

1 manzana.
1 pera.
2 cucharadas de semillas de granada.
¼ cucharadita de canela.
2 cucharaditas de jarabe de agave.
El zumo de medio limón.
Un poco de aceite de coco para pincelar.

Para el *crumble*:

3 cucharadas de aceite de coco.
2 cucharadas de jarabe de agave.
3 cucharadas de harina de almendra.
2 cucharaditas de harina de coco.
½ cucharadita de ralladura de limón.

Preparación:

1. Para el *crumble* primero pincela dos bandejas redondas de hornear con un poco de aceite de coco.

2. Seguidamente, lava la pera y la manzana, retira las semillas de ambas y córtalas en trozos pequeños.

3. Pela la granada y pone las semillas en un bol junto con los trozos de pera y manzana.

4. A continuación, mezcla la fruta con la canela y el jarabe de agave.

5. Ahora haz el *crumble*. mezcla todos los ingredientes en un bol y añade más aceite de coco o harina si es necesario.

6. A continuación, vierte el crumble sobre la fruta en bandejas y hornea durante unos 25 minutos a 180 °C (superior/inferior). El crumble debe tener un aspecto ligeramente dorado después de la cocción.

7. Pequeño consejo: ¡una deliciosa salsa hecha con leche de almendras y puré de almendras es un acompañante perfecto para este delicioso postre!

DELICIOSA CREMA DE ARÁNDANOS CON CREMA DE ALBAHACA

Valores nutricionales: 149 kcal, 23 g de hidratos de carbono, 4 g de grasas, 4 g de proteínas.

Ingredientes para 2 raciones:

Para la crema de arándanos:
200 g de arándanos.
1 cucharada de jarabe de manzana.
1 cucharada de pasta de almendras.
½ cucharadita de cáscara de *psyllium* en polvo.
250 ml de nata montada de almendras.
1 sobre de espesante de crema.
½ cucharadita de vainilla en polvo.

Para la crema de albahaca:
½ manojo de albahaca picada.
50 ml de agua fría.
½ lima exprimida.
2 cucharadas de jarabe de manzana.
1 cucharada de pasta de almendras.
½ cucharadita de cáscara de *psyllium* en polvo.

Para la cobertura:
50 g de arándanos.
2 cucharadas de almendras fileteadas.

Preparación:

1. Para la crema de arándanos pon los arándanos y el jarabe de manzana en una batidora y bátelos hasta que estén suaves. Después, vierte la crema en un bol y añade la pasta de almendras y las cáscaras de *psyllium*. Luego ponla a enfriar durante al menos 30 minutos.

2. Ahora prepara la crema de albahaca. Pon en una batidora 50 ml de agua fría, la albahaca picada, el zumo de lima y el jarabe de manzana y haz una crema.

3. A continuación, vierte la crema en un bol e incorpora la pasta de almendras y las cáscaras de *psyllium*. Enfría la crema de albahaca durante unos 30 minutos.

4. Luego monta la nata montada de almendras junto con el espesante de nata y la vainilla en polvo hasta que esté espumosa. Después, métela también en la nevera.

5. Después saca los dos cuencos de la nevera y añade la mitad de la nata montada de almendras para cada uno. Ahora alterna las cremas en dos vasos y ponlas en capas.

6. Decora el delicioso postre terminado con arándanos frescos y almendras fileteadas.

PUDÍN ALCALINO DE MIJO

Valores nutricionales: 216 kcal, 39 g de hidratos de carbono, 3 g de grasas, 6 g de proteínas.

Ingredientes para 2 raciones:

2 tazas de agua.
1 taza de mijo.
½ taza de nata fresca.
4 cucharadas de nueces chufas.
4 higos secos, dátiles o rodajas de mango.
6 almendras dulces en grano.
Un poco de canela.
1 pizca de sal.

Preparación:

1. Lava bien los frutos secos, aproximadamente, una hora antes. Después, córtalos en trozos pequeños y remójalos en un poco de agua.

2. Hierve agua con sal en una olla pequeña. Lava bien el mijo en un colador fino y añádelo a la olla. Deja el mijo que repose durante unos 25 minutos hasta que esté bien expandido.

3. Ahora añade los frutos secos al mijo junto con el agua.

4. A continuación, añade la nata y el pudín estará listo. Sírvelo en dos cuencos y decora con las almendras, la canela y las nueces chufas.

MANZANA ASADA ALCALINA PARA EL INVIERNO

Valores nutricionales: 250 kcal, 51 g de hidratos de carbono, 5 g de grasas, 2 g de proteínas.

Ingredientes para 4 raciones:

4 manzanas.
50 g de almendras.
60 g de pasas sultanas.
1 taza de agua.
1 sobre de pudín de vainilla.
1 litro de leche caliente.
100 g de azúcar.
Un poco de jarabe de arce.

Preparación:

1. En primer lugar, remoja las pasas sultanas en un poco de agua. Después, mezcla la vainilla en polvo con 1 litro de leche caliente. Seguidamente, añade el azúcar y remueve hasta obtener una salsa cremosa.

2. Lava bien las manzanas y descorazónalas con cuidado sin destruirlas.

3. Ahora vierte el agua de las pasas sultanas y mezcla las almendras, las pasas sultanas y el jarabe de arce en un bol. Luego introduce la mezcla, gradualmente, en las manzanas. Después coloca las manzanas en una fuente de horno. Ahora vierte la mitad de la salsa de vainilla preparada por encima.

4. A continuación, precalienta el horno a 180 °C (superior/inferior) y pon las manzanas en el horno durante unos 30 minutos. Después de la cocción, vierte la salsa restante sobre las manzanas terminadas.

MOUSSE DE MANGO CREMOSO

Valores nutricionales: 153 kcal, 14 g de hidratos de carbono, 10 g de grasas, 2 g de proteínas.

Ingredientes para 6 raciones:

1 mango.
200 g de cuajada de soja o *quark*.
2 cucharadas de jarabe u otro edulcorante.
200 ml de nata vegetal.
80 ml de leche vegetal o agua.
1 cucharadita de agar-agar.
Moras y copos de coco para decorar.

Preparación:

1. Primero pela el mango y córtalo en trozos más pequeños. Luego pon los trozos en una batidora y procésalos hasta obtener un puré fino. Después añade el *quark* y el edulcorante y mézclalo todo hasta que obtengas una consistencia cremosa.

2. Vierte la nata en un recipiente alto y bátela con una batidora de mano hasta que esté dura.

3. Pon el agar-agar en un cazo pequeño y mézclalo con la leche hasta que esté bien disuelto. Seguidamente, llévalo a ebullición y déjalo cocinar suavemente durante unos 2 minutos. Retira la sartén del fuego y mezcla rápidamente y añade directamente la nata e incorpora con cuidado.

4. A continuación, Sirve inmediatamente el *mousse* en los vasos y guarda en la nevera durante al menos 1 hora hasta que esté bien firme. A la hora de servir, adorna con bayas y copos de coco al gusto.

DELICIOSO HELADO DE PLÁTANO CON ALMENDRAS

Valores nutricionales: 172 kcal, 24 g de hidratos de carbono, 8 g de grasas, 1 g de proteínas.

Ingredientes para 2 raciones:

4 plátanos maduros.
50 g de almendras.
2 a 3 fechas o dátiles *medjool.*
1 cucharada de pasta de almendra blanca.
El zumo de medio limón.
100 ml de leche de almendras sin azúcar.
1 cucharada de almendra en polvo.

Preparación:

1. Primero quita la piel del plátano y corta en rodajas finas. Luego coloca las rodajas en una bolsa de congelación y métalas en el congelador durante unas horas.

2. A continuación, pon los plátanos congelados en una buena batidora y añade la pasta de almendras, los dátiles y el zumo de limón. Vuelve a batir, añadiendo lentamente la leche de almendras hasta conseguir la consistencia que deseas. Si el helado no es lo suficientemente dulce, simplemente, añade otro dátil hasta que quede a tu gusto.

3. Ahora calienta una sartén sin grasa y tuesta brevemente la almendra hasta que esté fragante.

4. Sirve el helado en pequeños cuencos y decora con la almendra tostada.

JUGOSOS *BROWNIES* HECHOS CON DÁTILES

Valores nutricionales: 135 kcal, 14 g de hidratos de carbono, 8 g de grasas, 2 g de proteínas.

Ingredientes para 12 raciones:

250 g de dátiles sin hueso.
300 ml de agua.
90 g de margarina vegetal.
1 plátano maduro (aprox. 120 g).
1 cucharada de jarabe de arce.
100 g de harina de trigo sarraceno, harina de avena u otra harina.
60 g de avellanas o nueces molidas al gusto.
35 g de cacao sin azúcar.
1 cucharadita de bicarbonato de sodio.
1 cucharadita de polvo de hornear.

Preparación:

1. En primer lugar, precalienta el horno a 180 °C (superior/inferior). Seguidamente, engrasa un molde de horno cuadrado y fórralo con papel de hornear.

2.Después corta los dátiles en trozos pequeños y ponlos a hervir en una olla con el agua. Reduce el fuego y deja que los dátiles se cocinen a fuego lento durante unos 5 minutos.

3. A continuación, añade la margarina, el jarabe de arce y los trozos de plátano y mézclalos.

4. Ahora mezcla la harina de trigo sarraceno, las nueces molidas, el cacao en polvo, el bicarbonato y la levadura en polvo y añádelo a los dátiles.

5. Luego vierte la masa en el molde preparado y hornea los *brownies* durante unos 30 minutos.

6. Deja que los *brownies* terminados se enfríen lentamente para que no se desmoronen.

7. A continuación, corta el pastel en trozos pequeños y, por último, espolvorea con harina de coco, azúcar glas o cacao en polvo a tu gusto.

PASTEL DE ARÁNDANOS JUGOSOS CON TRIGO SARRACENO

Valores nutricionales: 312 kcal, 48 g de hidratos de carbono, 10 g de grasas, 4 g de proteínas.

Ingredientes para 1 ración:

200 g de arándanos.
100 g de harina sin gluten.
100 g de harina de trigo sarraceno.
60 g de almendras molidas.
2 cucharaditas de polvo de hornear.
½ cucharadita de canela.
1 pizca de vainilla bourbon rallada.
1 pizca de sal.
1 - 2 cucharadas de semillas de chía.
1 cucharadita de semillas de lino molidas.
1 huevo.
5 cucharadas de aceite de colza.
150 ml de leche de almendras.
5 cucharadas de jarabe de arce.
4 dátiles *medjool*.

Preparación:

1. En primer lugar, precalienta el horno a 180 °C (superior/inferior) y engrasa un molde para pan o fórralo con papel de horno.

2. Ahora pon la harina, las almendras, la canela, la vainilla, la sal y las semillas de chía en un bol grande. Luego mezcla bien.

3. Después en un bol más pequeño mezcla el aceite de colza, el huevo y la leche de almendras.

4. Corta los dátiles en dados finos y mézclalos con el jarabe de arce y agrégalos al otro líquido.

5. Ahora añade la combinación líquida al bol con la harina y mezcla hasta que se forme una masa adecuada.

6. Ahora agrega la mitad de la masa al molde, seguidamente, añade una capa de arándanos sobre la masa. Luego añade el resto de la masa y vuelve a esparcir unos cuantos arándanos sobre el pastel.

7. A continuación, hornea el pastel durante 45 minutos. Prueba con un palillo el pastel y no dejes que quede demasiado seco. Disfruta de tu sabroso pastel.

TARTA DE ALMENDRAS CON MANZANAS

Valores nutricionales: 230 kcal, 16 g de hidratos de carbono, 17 g de grasas, 6 g de proteínas.

Ingredientes para 1 ración:

Para la masa:

150 g de almendras molidas.

5 cucharadas de leche de almendras sin azúcar.

50 g de pasas de Corinto.

10 uvas.

Para la cobertura:

5 albaricoques.

1 chorro de zumo de limón.

2 manzanas pequeñas.

1 rodaja de limón.

1 cucharada de almendras fileteadas.

Preparación:

1. En primer lugar, prepara la masa. Pon en una licuadora las pasas sultanas, las uvas y la leche de almendras y licúa hasta obtener una mezcla cremosa.

2. Ahora pon esta mezcla en un bol junto con las almendras molidas.

3. A continuación, agrega la masa en un molde con un anillo para tarta.

4.Después para la parte superior, simplemente pon los albaricoques y el zumo de limón en una licuadora y haz un puré.

5. Luego pela las manzanas y descorazónalas, seguidamente, córtalas en rodajas finas.

6. A continuación, frota cada rodaja de manzana con un poco de zumo de limón. Esto evitará que las manzanas se oxiden.

7. Ahora extiende el puré de albaricoque sobre la base, coloca las rodajas de manzana encima y cúbrelas con unas cuantas almendras fileteadas.

8. Finalmente mete el pastel en el horno durante 20 minutos a 200 °C (superior/inferior). Cuando La masa obtenga una consistencia de galleta la tarta estará lista.

BOLAS ENERGÉTICAS DE DÁTILES Y FRAMBUESAS

Valores nutricionales: 61 kcal, 6 g de hidratos de carbono, 4 g de grasas, 2 g de proteínas.

Ingredientes para 20 raciones:

200 g de dátiles sin hueso.
100 g de copos de avena.
100 g de frambuesas congeladas o frescas.
50 g de anacardos.
30 g de coco rallado.
5 g de semillas de chía.

Preparación:

1. Primero pon las frambuesas congeladas en la batidora. Luego añade el resto de los ingredientes. Seguidamente, bate bien hasta que obtengas una mezcla más espesa.

2. A continuación, forma pequeñas bolas con la masa y pásalas por los copos de coco.

3. Ahora coloca las bolas en la nevera durante toda la noche para que se pongan firmes. Al día siguiente las deliciosas bolas energéticas estarán listas.

DELICIOSA CREMA DE CHOCOLATE CON AGUACATE

Valores nutricionales: 192 kcal, 5 g de hidratos de carbono, 18 g de grasas, 2 g de proteínas.

Ingredientes para 2 raciones:

1 aguacate (aprox. 170 g).
1 plátano.
2 a 3 cucharadas de cacao en polvo.
4 cucharadas de leche de almendras.
3 cucharadas de jarabe de agave.
1 pizca de sal.

Preparación:

1. Primero corta el aguacate por la mitad y quítale el hueso, separa la carne de la piel con la ayuda de una cuchara.

2. Luego pela el plátano, córtalo en trozos pequeños y añádelo al aguacate.

3. A continuación, añade el cacao en polvo, la leche de almendras, el jarabe de agave y la sal.

4. Después tritura todo en una licuadora o, mejor aún, con una licuadora de mano hasta conseguir una deliciosa crema.

5. Finalmente, vierte la crema en dos vasos y ponlos en la nevera durante un tiempo hasta el momento de servir.

Batidos alcalinos

BATIDO VERDE PARA EL SISTEMA INMUNITARIO

Valores nutricionales: 115 kcal, 22 g de hidratos de carbono, 3 g de grasas, 1 g de proteínas.

Ingredientes para 1 ración:

¼ - ½ limón con cáscara (sin tratar).
6 dátiles *medjool*.
2 manzanas con piel.
1 plátano.
250 - 300 g de espinacas.
Agua de manantial.
1 cucharada de aceite de linaza de alta calidad.
1 cucharadita de brócoli germinado *Wacker*.

Preparación:

1. Pon todos los ingredientes en una licuadora en el orden indicado.

2. Licúa todo durante unos 2 minutos en la velocidad más alta y luego viértelo en un vaso. ¡El batido estará listo!

BATIDO DE PLÁTANO Y ARÁNDANOS

Valores nutricionales: 235 kcal, 39 g de hidratos de carbono, 5 g de grasas, 11 g de proteínas

Ingredientes para 1 ración:

150 g de plátano.
100 g de arándanos (frescos o congelados).
10 g de copos de avena.
15 g de semillas de chía.
200 ml de leche de almendras sin azúcar.

Preparación:

1. Primero pela el plátano y córtalo en trozos pequeños. A continuación, ponlo en una licuadora con todos los demás ingredientes. También puedes utilizar una licuadora de mano.

2. Finalmente, viértelo en un vaso y disfrútalo.

BATIDO DE REMOLACHA DE COLORES

Valores nutricionales: 175 kcal, 31 g de hidratos de carbono, 2 g de grasas, 3 g de proteínas.

Ingredientes para 1 ración:

1 remolacha.
1 puñado grande de frutos rojos congelados.
1 ½ limas sin cáscara.
1 plátano maduro.
Leche de almendras según requieras.
1 cucharadita de linaza.

Preparación:

1. Corta todo en trozos pequeños y ponlos en una licuadora excepto la linaza.

2. A continuación, licúa bien y añade, lentamente, la cantidad de leche de almendras hasta obtener la consistencia que deseas.

3. Por último, añade las semillas de linaza. Finalmente, vierte todo en un vaso y disfruta.

BATIDO VERDE CON KIWI

Valores nutricionales: 160 kcal, 39 g de hidratos de carbono, 1 g de grasas, 3 g de proteínas

Ingredientes para 2 raciones:

2 kiwis verdes.
100 g de pepino.
50 g de apio.
50 g de plátano.
50 g de espinacas.
¼ de cal o lima.
100 ml de agua.

Preparación:

1. En primer lugar, lava bien la fruta y la verdura.

2. A continuación, pela el plátano y la lima. Y si deseas también pela el kiwi.

3. Seguidamente, pon todos los ingredientes en una licuadora y licúa bien hasta obtener un delicioso batido.

BATIDO DE NARANJA Y CÚRCUMA PARA EL SISTEMA INMUNITARIO

Valores nutricionales: 123 kcal, 24 g de hidratos de carbono, 2 g de grasas, 2 g de proteínas.

Ingredientes para 1 - 2 raciones:

2 naranjas.
2 zanahorias grandes.
3 mandarinas.
1 trozo de jengibre fresco.
1 puñado de mango congelado.
Aceite de linaza al gusto.
Un poco de agua.
Pimienta negra al gusto.
2 a 3 cucharadas de salvado de avena.
Si lo deseas, 1 cucharada de proteína vegana en polvo.
½ cucharadita de cúrcuma molida.

Preparación:

1. Primero pela las naranjas y las mandarinas. A continuación, limpia las zanahorias y córtalas en trozos gruesos. Luego, pela el jengibre.

2. Ahora coloca todos los ingredientes en una licuadora y licúa hasta que tengas un batido cremoso. Añade la cantidad de agua que deseas hasta que obtengas la consistencia de tu gusto.

BATIDO DE PIÑA Y CÚRCUMA

Valores nutricionales: 126 kcal, 28 g de hidratos de carbono, 3 g de grasas, 1 g de proteínas.

Ingredientes para 2 raciones:

½ piña.
1 plátano congelado.
½ pepino.
250 ml de leche de almendras sin azúcar.
1 trozo pequeño de jengibre.
1 trozo pequeño de cúrcuma fresca o 1 cucharadita de cúrcuma molida.

Preparación:

1. Simplemente, pica todos los ingredientes en pedazos grandes y ponlos en la licuadora. A continuación, sirve en 2 vasos y disfruta de tu batido.

REFRESCANTE BATIDO DE MANZANA Y ZANAHORIA

Valores nutricionales: 130 kcal, 19 g de hidratos de carbono, 5 g de grasas, 1 g de proteínas.

Ingredientes para 2 raciones:

3 zanahorias.
1 manzana.
1 kiwi.
1 plátano.
200 ml de agua de coco.

Preparación:

1. En primer lugar, pela las zanahorias y córtalas en dados pequeños.

2. Después, corta la manzana en trozos pequeños.

3. Pon los 200 ml de agua de coco en una licuadora y añade las zanahorias y la manzana. A continuación, añade el kiwi y el plátano y mézclalo todo. Finalmente ¡el batido estará listo!

BATIDO CREMOSO DE ALMENDRAS Y PLÁTANO

Valores nutricionales: 133 kcal, 22 g de hidratos de carbono, 4 g de grasas, 2 g de proteínas.

Ingredientes para 2 raciones:

150 g de plátanos pequeños.
5 g de puré de anacardos.
400 ml de bebida de almendras sin azúcar.
1 cucharadita de zumo de lima.
Canela al gusto.
2 tallos de menta.

Preparación:

1. Primero pela el plátano y córtalo en rodajas pequeñas.

2. Ahora pon el plátano en una licuadora con el puré de anacardos, la bebida de almendras, el zumo de lima y la canela y licúalo hasta que esté suave.

3. Lava la menta fresca y arráncale algunas hojas. A continuación, sirve el batido en dos vasos y adórnalos con una pizca de canela y un poco de menta fresca.

DELICIOSO BATIDO DE ARÁNDANOS Y COCO

Valores nutricionales: 230 kcal, 16 g de hidratos de carbono, 17 g de grasas, 6 g de proteínas.

Ingredientes para 2 raciones:

1 plátano.
2 dátiles secos.
1 cucharadita de aceite de coco.
150 g de arándanos.
300 ml de bebida de almendra.
1 pizca de canela.
2 cucharaditas de coco rallado.
3 hojas de menta fresca.

Preparación:

1.Para el batido de arándanos y coco, pela el plátano y córtalo en trozos pequeños.

2. Luego, divide los dátiles por la mitad.

3. Ahora pon el plátano, el aceite de coco, los dátiles, los arándanos, la leche de almendras, la canela y los copos de coco en una licuadora y licúa a alta velocidad.

4. Añade la leche de almendras según sea necesaria.

5. Sirve el batido en dos vasos y decora con copos de coco y menta fresca.

BATIDO DE VERANO DE MELÓN Y MIEL

Valores nutricionales: 108 kcal, 27 g de hidratos de carbono, 0 g de grasas, 2 g de proteínas.

Ingredientes para 2 raciones:

10 cubitos de hielo.
1 melón de mielada.
1 limón.
3 ramitas de menta fresca.

Preparación:

1. Pela la sandía y retira las semillas. Luego córtala en trozos pequeños.

2. Lava la menta y pícala en trozos pequeños.

3. Ahora pon la pulpa del melón y la menta en una licuadora y licúala a la velocidad más alta hasta obtener una mezcla cremosa y añade, poco a poco, el zumo de limón.

4. Si lo deseas, añade unos cubitos de hielo a dos vasos y sirve el batido.

BATIDO DE CANÓNIGOS Y PERA

Valores nutricionales: 123 kcal, 18 g de hidratos de carbono, 4 g de grasas, 3 g de proteínas.

Ingredientes para 4 raciones:

100 g de canónigos.
2 peras blandas.
20 g de almendras en grano.
20 g de dátiles secos.
30 g de copos de avena tiernos.
2 cucharadas de zumo de lima.

Preparación:

1. En primer lugar limpia y lava el canónigo y déjalo secar.

2. Ahora lava la pera, quítale las semillas y córtala en cubos pequeños.

3. Ahora añade a la licuadora 300 ml de agua, las almendras, los dátiles, las peras, los canónigos, los copos de avena y el zumo de lima y licúa hasta obtener un batido cremoso.

BATIDO CREMOSO DE AGUACATE CON ALBAHACA

Valores nutricionales: 135 kcal, 16 g de hidratos de carbono, 7 g de grasas, 2 g de proteínas.

Ingredientes para 4 raciones:

2 kiwis.
1 manzana de piel amarilla.
200 g de pulpa de melón dulce.
1 aguacate.
1 guindilla o chile verde.
20 g de albahaca.
20 g de cohete o rúcula.
1 cucharada de brotes.

Preparación:

1. Primero pela los kiwis y córtalos en rodajas. Ahora lava la manzana, quita las semillas y córtala en trozos.

2. Pela el melón y el aguacate y corta la pulpa en trozos.

3. Lava la guindilla y córtala en aros.

4. Ahora lava y seca la rúcula y la albahaca. Luego enjuaga los brotes en un colador.

5. A continuación, pon los ingredientes en una licuadora y licúa hasta obtener un batido cremoso. Añade unos 100 ml de agua según la cantidad que necesites.

6. Sirve el batido en cuatro vasos y disfruta de tu batido.

BATIDO ENERGÉTICO CON HIERBAS FRESCAS

Valores nutricionales: 105 kcal, 19 g de hidratos de carbono, 2 g de grasas, 2 g de proteínas.

Ingredientes para 4 raciones:

150 g de espinacas.
2 puñados de hierbas mezcladas (por ejemplo, menta, perejil, estragón).
2 manzanas.
1 naranja.
1 cucharadita de aceite de oliva.
500 ml de agua mineral.

Preparación:

1. Primero limpia y lava las espinacas y las hierbas y déjalas que se sequen. Reserva unas hierbas.

2. Ahora pela las manzanas, quítales el corazón y córtalas en trozos grandes.

3. Después exprime la naranja.

4. Ahora pon las espinacas, las hierbas, los trozos de manzana y el zumo en una licuadora, agrega el aceite y si es necesario añade un poco de agua.

5. Licúa hasta que esté espumoso y sirve el batido en cuatro vasos. Adorna los batidos con las hierbas frescas que reservaste.

DELICIOSO BATIDO DE BAYAS DE GOJI

Valores nutricionales: 262 kcal, 44 g de hidratos de carbono, 3 g de grasas, 9 g de proteínas.

Ingredientes para 1 ración:

50 g de piña.
80 g de fresas.
1 cal o lima.
50 g de frambuesas.
50 g de bayas de goji secas.
120 ml de agua de coco.

Preparación:

1. Pela la piña y córtala en cubos. Corta también las fresas en cubos.

2. Pela la lima y córtala en cuartos.

3. Ahora coloca la piña, las fresas, las limas, las frambuesas, las bayas de goji y el agua de coco en una licuadora y licúa hasta obtener un batido cremoso.

4. Sírvelo en los vasos y ¡el refrescante batido estará listo!

DELICIOSO BATIDO DE BAYAS CON ENSALADA DE FRUTAS

Valores nutricionales: 180 kcal, 24 g de hidratos de carbono, 5 g de grasas, 5 g de proteínas.

Ingredientes para 4 raciones:

800 g de fresas.
400 g de frambuesas.
1 naranja.
2 cucharadas de jarabe de arroz.
3 tallos de melisa fresca.
30 g de almendras en grano.

Preparación:

1. En primer lugar, limpia y lava las fresas (unos 400 g). Luego córtalas por la mitad y ponlas en la licuadora.

2. Ahora lava las frambuesas (unos 200 g) y añádelas a las fresas.

3. A continuación, corta la naranja por la mitad y exprime el zumo en la licuadora.

4. Añade el jarabe de arroz y licúa bien. Después sirve en platos hondos y añade las otras bayas por encima.

5. Lava la melisa y deshójalas. Finalmente, repártelas en los platos con las almendras picadas.

BATIDO DE MORA Y MELOCOTÓN CON SABOR A FRUTA

Valores nutricionales: 134 kcal, 22 g de hidratos de carbono, 2 g de grasas, 4 g de proteínas.

Ingredientes para 1 ración:

200 g de melocotón maduro.
200 g de moras (frescas o congeladas).
100 ml de agua mineral (fría).

Preparación:

1. En primer lugar, lava el melocotón y sécalo con palmaditas. Luego córtalo por la mitad y retira el hueso. Después corta el melocotón en cuartos y un cuarto en rodajas.

2. Lava y clasifica las moras.

3. Corta el melocotón restante en trozos pequeños y ponlo en una licuadora junto con las moras. Licúalo.

4. A continuación, sirve el batido en un vaso y complétalo con agua mineral fría, si lo deseas. Por último, decora con las rodajas de melocotón.

BATIDO DE PIMENTÓN Y CÚRCUMA CON SABOR A FRUTA

Valores nutricionales: 151 kcal, 24 g de hidratos de carbono, 4 g de grasas, 2 g de proteínas.

Ingredientes para 4 raciones:

150 g de pulpa de mango.
150 g de pulpa de papaya.
1 pimiento amarillo.
1 naranja ecológica.
1 lima ecológica.
1 cucharadita de cúrcuma en polvo.
1 cucharada de aceite de linaza.
300 ml de bebida de avena.
100 g de arándanos.
100 g de frambuesas.

Preparación:

1. Pela el mango y la papaya y córtalos en cubos.

2. Después limpia, lava y corta el pimiento en dados.

3. Luego exprime la naranja y la lima.

4. Coloca el mango, la papaya y el pimiento en la licuadora junto con el zumo de la lima y la naranja. A continuación, añade la cúrcuma, el aceite de linaza y la bebida de avena y licúa hasta obtener un batido cremoso.

5. Lava las bayas y ponlas en vasos. Por último, añade el batido y sirve.

Bebidas alcalinas

ZUMO MULTIVITAMÍNICO ALCALINO

Valores nutricionales: 210 kcal, 46 g de hidratos de carbono, 1 g de grasas, 3 g de proteínas.

Ingredientes para 2 raciones:

3 naranjas.
1 manzana.
2 zanahorias.
3 g de jengibre.

Preparación:

1. En primer lugar, pela la naranja y quítale todas las semillas posibles.

2. A continuación, lava la manzana y córtala en cuartos y quítale las semillas.

3. Pela las zanahorias y el jengibre y córtalos en trozos pequeños.

4. Ahora pon todos los ingredientes juntos en un exprimidor y el zumo ya estará listo.

ZUMO DE PLÁTANO Y ZANAHORIA COLOREADO

Valores nutricionales: 184 kcal, 39 g de hidratos de carbono, 1 g de grasas, 3 g de proteínas.

Ingredientes para 1 ración:

150 g de naranjas.
200 g de plátanos maduros.
100 ml de zumo de zanahoria.
Unos cuantos cubitos de hielo.

Preparación:

1. Primero se parte la naranja por la mitad y se exprime. A continuación, coloca el zumo en un recipiente alto.

2. Luego pela el plátano y corta unas tres rodajas en diagonal, el resto córtalo en trozos más grandes, seguidamente, añádelo al zumo de naranja.

3. A continuación, añade el zumo de zanahoria y hazlo todo puré con una licuadora de mano.

4. Ahora coloca unos cubitos de hielo en un vaso y vierte el zumo terminado sobre él. Por último, adorna el zumo con las rodajas de plátano.

ZUMO DE ZANAHORIA PICANTE CON CURRY

Valores nutricionales: 71 kcal, 12 g de hidratos de carbono, 1 g de grasas, 3 g de proteínas.

Ingredientes para 1 ración:

½ lima pequeña.
1 tallo de cilantro fresco.
½ cucharadita de curry suave en polvo.
½ cucharadita de polvo de curry picante.
150 ml de zumo de zanahoria.
30 ml de leche vegetal.

Preparación:

1. Primero exprime la mitad de la lima y luego lava el cilantro, deshójalo y córtalo en tiras finas.

2. Mezcla los dos polvos de curry diferentes en un bol pequeño.

3. Vierte el zumo de zanahoria y el zumo de lima en un recipiente alto y añade 2 a 3 cucharaditas del curry en polvo.

4. Mezcla todo con una licuadora de mano.

5. Añade el resto del curry en polvo a la leche y viértela en un espumador de leche.

6. Ahora vierte el zumo de zanahoria en un vaso alto y finalmente añade la espuma de leche al curry. Espolvorea la bebida con cilantro fresco.

ZUMO FRESCO DE MANZANA, APIO Y ESPINACAS

Valores nutricionales: 151 kcal, 24 g de hidratos de carbono, 4 g de grasas, 2 g de proteínas.

Ingredientes para 1 ración:

2 manzanas.
75 g de apio.
100 g de espinacas.

Preparación:

1. Primero lava bien todos los ingredientes.

2. Corta las manzanas y el apio en trozos más pequeños.

3. A continuación, pon todos los ingredientes en el extractor de zumos, uno por uno.

ZUMO SENCILLO DE REMOLACHA CON CEBOLLINO FRESCO

Valores nutricionales: 69 kcal, 13 g de hidratos de carbono, 0 g de grasas, 3 g de proteínas.

Ingredientes para 1 ración:

50 g de cebollas.
1 diente de ajo.
150 ml de zumo de remolacha.
50 ml de zumo de zanahoria.
3 tallos de cebollino fresco.
Unos cuantos cubitos de hielo.

Preparación:

1. Primero pela el ajo y la cebolla y corta la cebolla en trozos pequeños. Presiona el ajo y la cebolla en un recipiente.

2. A continuación, mezcla bien con el zumo de remolacha y el de zanahoria.

3. Añade los cubitos de hielo.

4. Lava y pica, finamente, el cebollino y adorna con él el zumo terminado.

CHUPITO ENERGÉTICO REFRESCANTE CON JENGIBRE

Valores nutricionales: 78 kcal, 16 g de hidratos de carbono, 0 g de grasas, 1 g de proteínas.

Ingredientes para 10 raciones:

40 g de jengibre.
1 limón.
1 tallo de apio.
2 manzanas.
1 pizca de canela.
1 pizca de pimienta de cayena.

Preparación:

1. Primero limpia y lava el jengibre.

2. Luego corta el limón por la mitad y exprímelo.

3. Limpia y lava el apio y la manzana y córtalos en trozos pequeños.

4. Pon las manzanas, el apio y el jengibre en un extractor de zumos para obtener el zumo.

5. A continuación, añade el zumo de limón fresco. Finalmente, mezcla todo y sazona con una pizca de pimienta de cayena.

DELICIOSO ZUMO DE SAÚCO

Valores nutricionales: 169 kcal, 28 g de hidratos de carbono, 3 g de grasas, 5 g de proteínas.

Ingredientes para 10 raciones:

2 kg de bayas de saúco.
500 ml de agua.
150 g de miel u otro edulcorante.

Preparación:

1. Recoge las bayas de saúco de las ramas o despréndelas ligeramente con un tenedor. Después, lávalas bien.

2. Llena una olla grande con las bayas y vierte el agua.

3. Cocínalas a fuego lento durante unos 20 minutos hasta que estén blandas. A continuación, deja enfriar la mezcla.

4. Forra un colador fino con un paño limpio y vierte el contenido de la olla a través de él, hasta que quede un jugo claro al final.

5. Mezcla el zumo de saúco terminado con la miel u otro edulcorante y calienta de nuevo. Toma en cuenta que no debes dejarlo hervir.

6. Ahora vierte el zumo en botellas y colócalas boca abajo para que se enfríen.

ZUMO DE MELÓN CON ARÁNDANOS Y PEPINO

Valores nutricionales: 145 kcal, 28 g de hidratos de carbono, 1 g de grasas, 2 g de proteínas.

Ingredientes para 1 ración:

200 g de arándanos rojos.
500 g de sandía.
150 g de minipepinos.

Preparación:

1. Lava los arándanos en un colador y luego escúrrelos bien.

2. Corta el melón por la mitad y retira todas las semillas posibles. Después retira la pulpa de la piel y lo picas. Luego, reserva aproximadamente 1/3 de la pulpa.

3. Ahora lava bien el pepino y enjuágalo con agua caliente. Corta 2 rodajas y resérvalas. Seguidamente pica el resto del pepino en cubos pequeños.

4. Ahora, introduce los arándanos y 2/3 de la sandía en el extractor de zumos. Añade los trozos de pepino y extrae el zumo. También puedes utilizar una licuadora.

5. A continuación, vierte el zumo en un vaso grande y adorna con el resto del melón y el pepino.

DELICIOSA BEBIDA CON JENGIBRE Y LICHIS

Valores nutricionales: 224 kcal, 52 g de hidratos de carbono, 1 g de grasas, 1 g de proteínas.

Ingredientes para 4 raciones:

150 g de miel (a tu gusto).
4 cucharaditas de jengibre fresco rallado.
1 lima ecológica.
200 ml de zumo de lichi.
200 ml de agua mineral con gas.
16 lichis.

Preparación:

1. Primero pon la miel con el jengibre rallado en una olla. Seguidamente, agrega a la olla con 300 ml de agua, lleva a ebullición y cuece a fuego lento durante 5 minutos y deja enfriar.

2. A continuación, lava la lima con agua caliente y frótala para secarla. Luego ralla la cáscara, exprímele el zumo y añádelo a la olla. Ahora forra un colador con un paño y vierte todo a través de él. Deja que la bebida se enfríe bien.

3. Pela los lichis, quita las semillas y córtalos en trozos pequeños. Divide la mitad de los lichis entre los vasos y vierte un poco de bebida sobre ellos. Ahora añade el resto de los lichis y luego el resto de la bebida.

4. Llena los vasos con zumo de lichi y agua mineral fría. Finalmente pon las bebidas en el congelador durante un rato hasta que se haya formado un poco de hielo.

DELICIOSA BEBIDA DE MENTA CON LIMA FRESCA

Valores nutricionales: 61 kcal, 11 g de hidratos de carbono, 0 g de grasas, 0 g de proteínas.

Ingredientes para 4 raciones:

40 g de miel u otro edulcorante.
6 limas ecológicas.
2 ramitas de menta fresca.
Un poco de hielo picado.
400 ml de agua mineral con gas fría.

Preparación:

1. Pon la miel junto con 75 ml de agua en una olla y déjalos fuego lento durante unos 2 minutos. Luego retira la olla de la cocina y deja que se enfríe.

2. Después enjuaga una lima con agua caliente y luego ralla la cáscara, finamente, después corta la pulpa en rodajas y resérvala. Parte las otras limas por la mitad y exprime el zumo fresco. Lava bien la menta y deshójala, luego pícalas muy finamente.

3. Ahora añade la menta, la ralladura de lima y el zumo de lima a la olla y mezcla bien.

4. Sirve cuatro vasos hasta la mitad con hielo y luego llénalos con la bebida. Seguidamente, añade agua mineral y la bebida estará lista. Si lo deseas, puedes adornar los vasos con rodajas de lima fresca.

REFRESCANTE CUENCO DE UVAS CON SAÚCO

Valores nutricionales: 62 kcal, 14 g de hidratos de carbono, 0 g de grasas, 1 g de proteínas.

Ingredientes para 7 raciones:

2 limones sin tratar.
1 vaina de vainilla.
40 g de miel.
3 puñados de flores de saúco.
400 ml de zumo de uva blanca.
800 ml de agua mineral con gas.
1 puñado de cubitos de hielo.

Preparación:

1. Primero lava los limones en agua caliente y sécalos con palmaditas. Luego corta un limón en rodajas finas. Después corta la vaina de vainilla por la mitad y quita la médula.

2. Ahora, pon en una olla las rodajas de limón, la miel, la pulpa de vainilla y unos 250 ml de agua. Deja que todo se cocine a fuego lento durante unos 10 minutos. A continuación, añade la mitad de las flores de saúco a la olla y remueve bien. Ahora introduce el recipiente en la nevera y deja que todo se enfríe durante unas 12 horas.

3. Forra un colador con un paño limpio y vierte el líquido a través de él en un bol.

4. Corta el limón restante en rodajas y añádelo al bol junto con las flores de saúco restantes, el zumo de uva, agua mineral y añade un poco de hielo si lo deseas. Este bol es perfecto para un día caluroso de verano.

© Lydia Lavrova 2022

1.ª edición

ISBN: 9798445430094

Contacto:

Markus Mägerle

Am Kreisgraben 17

93104 Riekofen

Alemania